한상우 시집

먹물로 그린 달빛

GAP

시인의 말

무언가 다가오다 멎는다.
들리지 않는 소리들.
내 안을 버리고, 비우기로 한다.
저 어스름의 언어를 듣기 위해.

차례

시인의 말 ● 3

달이 앉는 저녁 ● 10

장독대의 달 ● 12

우리집 ● 14

작달비 ● 16

몽당 지우개 ● 18

장대비 ● 20

청화의 잠 ● 22

진달래 붉은 ● 24

목련 아파트 ● 26

모서리의 엔딩 ● 28

프리즘의 각 ● 31

순례하는 별 ● 32

부화하지 않은 달걀 ● 34

폭설 ● 36

바람꽃은 무거운 하늘 안고 ● 38

징검다리 ● 40

장미다방 ● 42

먹물의 기억 ● 44

두엄의 결 ● 46

봄은 똥물에서 나온다 ● 48

머릿속에 사는 쥐구멍 • 50

벌레 먹은 무지개 • 52

전등의 방 • 54

날개 없이 산다는 건 • 55

멍 때리기 • 58

밀착 • 60

까맣게 잠들고 싶을 때 • 62

엘리베이터의 혀 • 64

나비와 허물 • 66

외곽의 형체 • 68

오렌지를 굽다 • 70

허공의 눈 • 72

붉은 파도로 접은 접시에 종이배 띄우며 • 74

속옷의 날씨 • 76

조율 • 78

속옷 속의 당신 • 80

투영 • 82

안개의 시간 • 84

새벽이 오는 또 다른 이유 • 86

도계장 • 88

새벽 첫 차 • 90

누에의 집 • 92

소금과 노을 • 94

닻줄 • 96

낙지의 천문학 • 98

만조 • 100

귀로 • 102

봄을 할퀴다 • 104

개나리의 길 • 106

발아 • 108

유월의 붉은 수유 • 110

벚꽃 • 111

유월 어느 모퉁이 • 112

목련의 향로 • 114

붉은 전야 • 115

꽃샘 • 116

송화 • 118

할미꽃 • 120

고사목 • 122

마지막 남은 나뭇잎의 노래 • 123

피지 못한 진달래 • 124

텅 빈 계절 한 줄 • 126

눈 내리는 길목 • 128

눈 내리는 봄날 • 130

코스모스 ● 132

11월 버드나무 푸른 잎 ● 134

농을 건너다 ● 136

누구일까 ● 138

노을. 1 ● 140

노을. 2 ● 142

노을. 3 ● 144

노을. 4 ● 145

노을. 5 ● 147

점선 ● 149

《 사라진 초승달에 관한 다섯 가지 기록 》

1. 은하 방범대 ● 150

2. 샛별 진술서 ● 152

3. 구름의 치마폭 ● 155

4. 초승달의 진술 ● 158

5. 호수의 진술서 ● 160

| 작품해설
엄숙한 삶의 궤적(軌跡)과 정신풍경
– 한상우 시인, 『먹물로 그린 달빛』의 전언(傳言) ● 163
엄창섭(가톨릭관동대 명예교수, 「모던포엠」 주간)

먹물로 그린 달빛

달이 앉는 저녁

장독대에 달이 앉으면
아이에게 젖을 물렸다
비운 가슴에 트인 물길
울음 삼키던 목젖이 부풀었다

냄비 가장자리에서
타들어가던 저녁이었다

풀밭에서 주워 온
이름 모를 털실 모자를
아이 머리에 눌러 씌우며
깜박이는 뒷문을
눈물에 걸어 두었다

가마솥이 끓고
숟가락 하나 빠진 밥상이 차려질 즈음
닫힌 입술이 벽지에 기대어
서서히 식어갔다

그날 밤
장독대 밑에서
새끼 고양이가 태어났다

젖도 물지 못한 채
어미 눈에 입을 벌리고
젖 대신 바람을 더듬던
눈도 못 뜬 울음 하나

엄니는 아무 말도 하지 않았다
내다 판 머리칼 대신 올린
풀린 수건을 끌며
방으로 들어가 이불을 덮었다

자고 있는 줄 알았다
새벽까지

몸에서
말 대신 굳은
젖비린내가
부서진 벽의 실핏줄을 핥으며
스며들었다

장독대의 달

장독대로 달이 저문다
소금꽃 핀 뚜껑 사이
하룻밤 삭힌 침묵의 냄새가 피어난다

달빛이 뒤척인다
등을 굽히고 웅크린 채
허리춤에 붙은 저녁들을 털어낸다

묵은지를 젓다 말고
손끝으로 허공의 냄새를 거둔다
말 못한 말들
숨 눌러 담기듯 장 속에 절여진다

옆집 강아지가 울음을 깬다
울음이 낳은 울음
비어 있는 마당에
달 스며드는 소리가 내려앉는다

장독대에 쌓인 그늘은 묵직한 작업화
짧고 얇은 핏줄 같은 그림자
낡은 발뒤꿈치로 바닥을 붙잡는다

손끝이 갈라졌다
굳은살 틈으로 솟는 피
붉지도 뜨겁지도 않은 말
빈 국물이 무늬로 번진다

한 사발의 울음
말없이
저녁 밥상이 식어간다

우리집

봄볕이 마르기 전에 잠시 우리 집에 다녀가지 않겠니
강둑 따라 징검다리 건너오면
버드나무가 나비 댕기 달고 찰랑이며 반겨줄거야

두 갈래 길이 나오면 서쪽으로
물이 더 맑게 흐르는 쪽이야
물결 사이만큼 걷다 보면 간판 없는 목공소가 보일 거야

아버지가 평생 대패질로 하루를 지워가던 곳
나무들과 계절을 잊은 채
서로의 결을 털어놓았다고 해
나이테에 숨겨둔 가려운 곳을 대패로 긁어준 거지
나무들이 각기 다른 햇살과 비와 바람 따라
뿌리 두고 떠난 첫 삶을 되돌아보며
아버지는 아린 손끝에 담긴 어떤 마음으로 다듬어 주었을까

뒷길로 돌아 산길 올라가면
이끼로 여민 갑옷 입은 떡갈나무가 휘파람을 불거야
그저 묵은 바람을 등에 이고 위용을 과시하고 싶은 거겠지
조랑조랑 흐르는 물가에선 앉은뱅이꽃들이 수다를 떨텐데
귀 기울이다 보면 밤이슬이 찾아와
밤마다 아버지는 사슴이 되어

산을 건넜다고 했지
그 눈으로 이국의 별을 오래 바라보았다고
지난밤 달빛에 할퀴어
한 쪽 눈을 잃은 사슴이 다가올 수도 있어
사슴의 깊은 눈처럼 너도 어느 이국의 별을 머금었을까
주위 어지럽게 맴돌던 새들은
이내 산빛 속으로 사라질 거야
길은 가파르지만 천천히 조금만 더
넓은 들판이 너를 기다리고 있을 거야
들판 가운데 작지만 봉긋한 언덕
거기가 우리 집이야

바람이 눕고 햇살이 오래 자리 깔고 있지
대패 소리가 마른 숨결에 숨어 있다가
가끔 먼지처럼 날아올라 내 이름을 만지곤 해
봄볕이 다 닳기 전에
부디 다녀가 줘

작달비

등을 기울여 문풍지를 적신다
굳은살 투성이 방으로 기어든다

입안의 마른 말들이
벽을 타며
오래된 시간이 녹는다

어머니가 벗어두었던 한 해가
벽지 뒤로 숨어 흘러내린다

들썩인 마루
발뒤꿈치로 눌러도
움직이지 않던 기억이 부푼다

이불은 개어지지 못한 숨을 참는다
천장으로 스며드는 멍

온몸이 눕지 못하고
숨 하나만 드러눕는다

묵은 눈물이 튄다
무덤보다 먼저 젖는 건 내 발목

비가 부엌 칼자루를 타고 들어온다
날을 세운 무뎌진 저녁

입술이 껍질째 벗겨진다
씹히지 못한 말들이
목구멍에 고인다

쓸려간 지붕 아래
적시지 못한 채
물비늘로 지워지는 당신의 이름

몽당 지우개

가을과 겨울 사이
나비질에 비틀린 문장 하나
툭, 떨어진다

언제 한 번
꽃이었던 적 있었던가

뒷산 검게 탄 바위는 누름돌이 되어
핏기 잃은 손때 묻은 세월을
하나둘 쌓는다

사시사철 어처구니로 누비던
쭉정이 종부의 고집
문장 한 잎조차
지워내야 할 때

강이 깊어
더디 오는 겨울이 다행이다

마당 모서리
흙내음에 고개 숙인 국화

서리태보다 작은 칠성판 위
무서리를 눌러쓰는
꽃잎 향이 소매를 스친다

마지막 남은 이름을 지우다
등 뒤 스치는 바람과
손끝에 남은 기억을 불러본다

닳아진 얼굴이
겨울빛 속에서 흔들린다

장대비

젖은 얼굴에
여름 한 모퉁이 받아 적는지
종일 뜬눈이다

썼다 지우는 사이
이름 잃은 그늘이 자라고
덧칠한 그림자만 내리긋는다

핏발 선 무지개에
커튼을 내리는
잿빛 운율 한 소절

녹슨 난간 아래
궁핍으로 배부른
부르튼 눈빛 하나

허기로 속을 채우는지
무거워진 장대를 쥔 손
굽은 허리로 물살을 붙잡는다

빗소리에 울대 젖어 피는
능소화 한 송이

기억 끝자락이 매달려
젖멍울 붉히고
꽃이 운다
꽃잎이 운다

청화의 잠

먼지의 입김을 먹고 자란
푸른 잎 하나가 눈을 뜬다

가장자리부터 번지는 저녁의 숨빛
잉크빛 뼈를 가진 물고기들이
대나무 그늘 아래 비늘을 접는다

달빛은 골목을 걷다
깊은숨으로 미끄러지고
창틈을 스친 옛 여인의 숨결이
옅은 꽃무늬로 창호지를 수놓는다

내 안의 물 잔이 찰랑
파란 장막 뒤에서 정적을 붓질한다

말라붙은 꽃잎에 입을 대며
언젠가의 입맞춤이 옛 빛결로 번진다

소금빛 묶음의 흰 자락
목젖에 엉겨 한숨으로 끓어오르다
붓끝에서 번진다

맑은 미명이 눈빛을 적시고
안으로 잠든 작은 하늘 하나
숨 쉬는 듯 숨죽이는
저무는 결의 잔금

기억의 그림자조차 닿지 못한 채
어둠도 손끝을 거두는
마지막 망설임까지 스민다

진달래 붉은

땀에 절은 밤이 어둠을 캔다

산어귀에 조등이 걸리면
지아비 잃어 머리 올린 여자가
아이들 웃음을 짚으며 지나간다

허리를 감은 앙상한 바람
잘록한 물소리를 지고 재를 오른다

하늘가 붉은 달과 봉화 피우는 꽃망울
발등까지 번진 마른 가지마다
매달린 말 없는 이름들

숨죽인 계절 위로 날짐승이 운다
산등성이마다 망자의 그림자
지아비 이름을 혀끝에 얹은 여자
눈물 대신 밥을 짓는다

아이들은 뜀박질하며 어제의 뼈를 넘는다
흙냄새에 잠긴 이름들아
저만치서도 진달래는 붉다

돌아오지 못한 이들의 땅에 묻은 편지처럼

목련 아파트

쇠기둥 속으로 스며든 빛과 그림자마다
세월은 검버섯 한 포기씩 얹어놓는다
흔적으로 남은 핏줄은 침묵으로 물이 오른다

시한부를 거쳐 틈니도 금이 간 임대 아파트
조각난 페인트로 모자이크 된 이름들이 부유한다

어둠을 켠 창의 틀 떨어진 빈손들
밖으로만 향한다
세상과 가장 가까운 곳이 일층이었다는 것
저승의 묵인된 공식이다

쉬어버린 시간 입자들이 들것에 실려
마지막으로 채색한 뒤편의 몫은 무엇일까

날개 없이도 날 수 있을 것 같은
하얀 음지였을까

버거웠던 고요가 고요를 낳는 문들
하나의 종파 같은 복도는 모르핀 맛이 난다
검은 완장을 찬 고양이가 초침을 할퀴고
눈치 빠른 옥상이 조등을 켰다 껐다 반복한다

한 생이 모처럼 탈피를 한다
상복 입은 목련이 초혼처럼 운다
달빛에 번진 그림자가
길 잃은 시간 위를 스치듯

모서리의 엔딩

저녁을 덮고 누워 허공의 멱을 잡는 젓갈 냄새가 쓰다
어둠은 한낮을 낮질하던 허리를 펴
동족인 별을 음미하고
나는 잠이 무거워진다

꿈에 이끌려온 틀 떨어진 모서리 전쟁터
무기도 군량미도 없이
숨 쉬는 입들만
깊은 서쪽 어디쯤 되는 나라
맨몸으로 포격 맞는 판자촌 사이에서
주사기로 틀어막은 비명이
뜯겨 날아간다

막바지 전투라는 공이 울린 건
방어선을 넘어온 쓰레기 수거차의
반 박자 빠른 멜로디 때문
누전된 전쟁터로 다시 끌려간다

거미와 박쥐가 시시덕거리는
지붕 없는 흙색 창고
난민으로 탈바꿈하는 병사들은
군번줄 없이

녹슨 군번으로 정리된다

박쥐가 배급해준 빵이 딱딱하다
뱃속을 긁어대는 빗물에 불린다
팔다리 없는 물컹한 기억들이
벽 쪽으로 기울다 무너진다
꽃잎을 따듯 파편을 지우는 거미
틈을 보인 바닥에선
구더기가 팝콘처럼 튀어 오른다
허투루 빗자루를 찾다 그만두기로 한다

한창 뜨겁다는 아이돌 노래가
모스 부호 라디오에서 총성이 울린다
십이월을 막 지나는
오전 여섯 시가 실눈을 모로 뜬다
바람이 폭격하다
목이 꺾이는 소리가 창문까지 다가온다

모처럼 새우등이 퍼진 아내
마침표를 찍지 않는 전사로 디자인된다

주머니 없는 소매 긴 전투복으로

강의 바깥 문을 열고 선
방아쇠 없는 뒷모습이
모서리를 가린 거울보다 간략하다

프리즘의 각

별에 하얀 바람이 분다
낙엽이 햇살을 갉아먹는 아침
입안에 붙은 술에 취한 낙지 빨판과
박제된 새의 동공이 부딪친다

지난밤
굴절된 장판 타는 냄새는 종이 벽 안의 고양이
줄 끊어진 피아노 소리는 담 위에 박힌 병조각
망원경으로 당긴 달은 붉었다
연탄가스처럼

한 무리의 여자들이 뒷면으로 나와
우는 듯 웃는 듯 골목을 껐다 켰다 한다
뽀득하게 가린 머릿결과 가지런한 매무새
그녀들의 발은 경계 없는 안개
뿌옇고 하얗게 남은 화장기 없는 흔적을 벗긴다

겨울 구들방 윗목은 거울
구상은 화려한 무표정으로 번진다

도시의 모서리가 산란하는
벌레 먹은 무지개 일상이다

순례하는 별

오래된 강의 얼굴을 물안개가 씻어낼 때면
구름 끝 너머 외딴집 불빛이
가물게 보일 때가 있다
언제부턴가 폐가라 하지만
이력을 아는 이도 없다

둑에 풀이 무성해지면
강물빛이 그리다 만
고물 여물통을 뒤집어쓴 듯한 지붕
상여 보내듯 눈이 되새김질하고
가을이 새소리로 떠날 무렵
사기막 같은 감나무가
서쪽을 끌어당겨 맴돌던
잠자리 곁눈질도 따라 끌려간다

사람도 동물도 보이지 않는
세상을 허문 담이
나이에 나이테를 더해
삶의 넓이를 재고 있는 걸까
멈춘 기억을 사초라도 하려는 걸까

찢어진 창호지와

잇몸 주저앉은 기둥
허리 접힌 서까래는
누군가 다녀간 흔적
볼이 붉어지도록
눈치 빠르게 입 다문 자물쇠

자맥질하던 강이
햇살을 여며 집안을 닦아낸다
바람이 발서슴한 속곳 감춘 문틈으로
비집고 나오는 숨소리
고단해 보인다

잦바듬한 대문간 절구통에는
켜켜이 찧어 다진 빗방울

뒷짐 지고 구름을 붉게 여미는
감이 꽉 찬 감나무 아래
입 벌리고 웃는 듯 우는
아기 항아리

아슴한 밤이면
젊은 별이 행간을 띄우며
순례하는 모양이다

부화하지 않은 달걀

껍질을 깨기 위해 태어났지
껍질 안은 빛도 시간도 없는 황야
태초의 침묵 우주였어

투명한 망막 너머
잊힌 언어가 머물렀지

우주 밖의 너는 누구였을까
바람으로 스쳐간 이름 하나

껍질은 쉽게 깨지지 않아
밝은 별을 모아야 해
우주의 전야제지

어둠은 단단하고
빛은 멀고
시간은 혈관을 따라
소리 없이 흘러내리더라

나는 너를 불렀어
별을 하나씩 쌓아
내 안이 환해질 때까지

껍질이 스스로 입을 열 때까지

껍질은 껍질이 아니었어
하늘 향해 벌어지는 길
은하의 문이었지

나는 부화하지 않았어
그저 어둠을 이고
우주에서 다시
눈을 떴을 뿐이야

폭설

병든 아이 우는 뒷걸음으로
사박사박 달아나는 앞산

둥지 잃은 까치와
검댕 따라 걷는 아버지의 발끝

칼바람 백두대간 휘몰아
뒷문으로 백호 들이치는 적막

바람 한 줌 살결을 스치고
문틈 사이로 불빛이 떨고 있었다

눈은 천천히 식은 밥처럼 굳고
어머니 치맛자락엔 김이 서린다

구들장 아래 누운 아기 기침
기척도 없이 한 생이 지나간다

까치밥 한 알 남긴 감나무 위
아버지의 발소리는 눈 속에 묻힌다

산자락에 묻힌 낡은 도시락통
뚜껑 아래 식지 못한 삶이 남아 있다

눈 쌓인 지붕 아래 귀 기울이면
속삭이는 숯 냄새, 젖은 장작의 울음

굴뚝 위로 피어오르는 잊힌 이름
하나둘 하얀 숨결로 내려앉는다

바람꽃은 무거운 하늘 안고

물비늘의 시간을 짚으며
발끝으로 올라온 이끼 낀 언덕

고개 숙인 채 어깨에 걸친 어제의 그림자
잎사귀마다 낡은 이름이 눌려 있었다

산짐승의 체온
젖은 기척이 묵직하게 내려앉았다

별들은 한 알씩 떨어져
어깨 위에서 소리 없이 사라졌다
사위는 바람결 따라
낮은 무릎으로 귀를 기울였다

비의 무게로 패인 잔금 사이
계절은 스며 울었다

날마다 흐름에 취해
흔들림 속에 속울음을 길렀다
잎맥 아래 달빛을 꼭 쥐고
한 번도 하늘을 마주한 적 없었다

봄의 마지막 장이 접히던 날
햇살이 스치듯 빰을 어루만졌다

그제야
그저 잠시 아주 잠시
없는 하늘을 보기 위해
고개를 들었다

그러고는 다시 묵묵히
무게라 할 수 없는 무게로
핀다

징검다리

누가 지난밤을 건너려 놓았을까
아무도 건널 것 같지 않은 강

노을에 그을린 별빛 부서지는 소리
바람에 실려 흩어지다
가랑이를 오고 가는 사이
건너 가을 오고
건너 봄이 간다

날카롭던 세월로 천 년을 디딤돌 놓아
새기려던 얼굴은 누구의 비석인가
물결은 굽은 등만 보일 뿐
흐르던 이야기는 사라진다

강도 몸져누운 날 있었을 것이다
그 위를 양이 지나고
목동이 지나고
달도 건넜을 것이다

사슴보다 긴 목을 열고도
눈망울 깊은 파도였어도
바다가 되지 못한 강

수리하고 싶었는지도 모른다

강변엔 별빛 부서진 조약돌
강물을 물고 반짝이기 시작한다

내 모난 돌 하나는
찰방찰방 발목만 적시고
건너지 못한 채
물결 속에 스며든다

장미다방

화병 아래 놓인 의자 위
찻잔의 얇은 미소가 오늘을 데운다

속눈썹 끝에 매달린 지난밤 잔기침의 이슬
창턱에 묻은 립스틱 자국 곁
물들지 못한 장미 한 송이 놓여 있다

목 긴 화병은 귀를 닫고
익은 빛이 안쪽에서 흔들린다
입 밖으로 내지 못한 씨앗들이
조용히 피어난다

이름 아닌 이름으로 숨어
잔향으로만 기억되거나
잔돈 속에 섞여 잊히거나

말은 입술 아닌 잇몸에 닿고
묶음의 꽃잎만이 입 모양을 읽는다
향은 식은 커피 속에서도 버틴다

가시는 손끝에 닿기도 전에
그늘을 먼저 스민다

계절은 안쪽에서 무겁게 익어간다

피는 척, 지는 척을 배운 붉은 침묵
숨을 삼켜 낮과 밤을 품은 꽃

어느 날의 붉음으로 끝내 지지 못한 채
불리지 않은 이름으로
바닥까지 피어오른다

아무 일도 없었다는 듯
빈 의자 아래
찻잔 속에 접힌 하루만이 남는다

먹물의 기억

검은 방이 열렸다
순간은 파문
기억이 된다
촉수의 말끝에서 분출된 검은 숨결
도망이 아니라 기록이었다
빛이 닿을 수 없는 깊이에서 과거를 토해내며 길을 낸다
물속에서만 읽히는 문자
퇴적된 시간의 문장이다
비릿하고 따뜻한 검은 물결엔
물살이 지나간 방향
상어의 입 모양
조개껍질 아래 숨겨둔 첫 탈피의 순간이
겹겹이 녹아 있다
기억은 말이 없다
냄새를 갖고 있고 끈적한 체온을 갖고 있고
모국어처럼 더듬는 감각의 질감을 갖고 있다
숨기기 위해 뿜었지만 간직하기 위한 퍼포먼스
물은 사라지지만 내부를 바깥에 새긴 기록이다
먹물은 어미의 그림자 첫 사냥의 흔적
지나간 별빛을 모사한다
검은 선율로 써 내려간 일생의 일기장을
더듬는 파도를 기억한다

촉수 끝이 떨릴 때마다 한 줄씩 휘갈겨지는 과거
피처럼 번지는 검은 문장
잊지 않는다
잊기 위해 다시 뽑는다
바다가 조용할 때
먹물의 자국을 거슬러 오르면

아직 닿지 못한 별이 잠들어 있다

두엄의 결

모서리 터진 밥상에
헤진 땅거미가 오른다
숨이 타버린 밤의 자궁이
천천히 열리는 시간

화관 내음 밴 사내의
깡마른 덩굴손이
저문 밭을 휘모리 친다

분주해진 적막이
고랑에 휘청거리다
성근 빗소리 속으로
척박한 땀방울 한 떼기, 몰아쉰다

휘어진 기억의 코드는
담지 못할 우주의 흔적을 버무려
속눈썹 밑 어둠을 훔쳐
별빛 하나 되비춘다

들판을 공유하던
팔 없는 허수아비와 참새
바람의 연필과 해 그림자 지우개가

허공을 밀며 건넌다

뙤약볕 아래
속껍질을 몇 번 뒤집고 나서야
허기 품은 호박도
두엄 밭의 쓴 향을 밟으며 외줄을 탄다

끝은 늘 뿌리였다

봄은 똥물에서 나온다

더럽혀지고 깨진 것들의 침묵을
한 줄씩 들추는 일
암각화를 거부한 민중의 거사다
봄은 낮은 웅덩이부터 피를 말린다

봉분으로 흐르는 시간이 시간을 삭히고
망치질이 거칠어질수록
똥물은 깊게 우러난다
살구빛 마을에 장밋빛은 더 붉게 번진다

함부로 불러본 적 없는 이름들과
내가 버린 산과 들
야수들의 맹서 없는 주검까지
비로소 똥물이 되어야만
박제된 역사에 다시 숨이 돈다

어미는 뱃속에서부터 똥물을 품고 있었다
이름을 앗아간 밤의 절벽길을 밝히는
살과 피를 갈아 먹이고
영혼마저 주는 똥물이었다

말라붙은 허공

붉은 살점이 비린 비명을 피워 올린다

똥물 밭
지워진 이름의 혀끝에서
냉이의 첫 잎이 투명하게 채색된다

머릿속에 사는 쥐구멍

물때 낀 창을 밀고 들어온
마비된 혈관을 파고드는 흰쥐 한 마리 산다

초저녁부터
몽유병 걸린 골목의 혼잣말이
뒷길을 어슬렁거린다

소맷부리 올 풀리며 번져가는 숨결은 왼쪽
가을 틈이 무너지는 소리
낙엽빛 저무는 떨림은 오른쪽

눈코입을 지우면 또렷해지는 옹이
쓸개 없는 팔다리가 허리를 접는다

결승선 없는 밤하늘에
창백한 달무리 하나 떠 있다
입술 잃은 신음이 어디쯤 묻힌다

모래톱에서 건져낸 새 알과 시든 꽃씨를
비릿한 혀로 핥는 블랙홀

지우개로 구름을 지우고

새장을 비워낸 뒤
남는 건 무엇일까

한쪽 눈만 열린 현미경
들여다보는 장님에게만 보이는
그믐의 별빛 한 점

들리지 않는 것
보이지 않는 것

얼룩조차 지워진 곳에서
빛과 빛 사이에 뭉개지는 파문

남는 건 뒷면의 낡은 무채색 얼굴
소금의 결을 베끼는 백지 한 장

오래전부터
구멍에 굳어진 기억이
침묵의 껍질을 긁고 있다

벌레 먹은 무지개

팔꿈치로 비비던 구름도
턱밑 먼지를 묻히던 햇살도
이빨 빠진 색들 틈으로 흘러내린다

베어 문 보랏빛은
어깨뼈 휘어진 아이들 발등에 주저앉고
녹슨 푸른빛은
폐허의 굴뚝 끝에서
늦게 떠나는 깃발을 닮았다

비틀린 노랫말 틈
찢긴 빛줄기는 골목마다
깨진 유리창을 따라 긁힌다

엎질러진 노란 물감의 오후가
어깨에 묻어 흐른다

풀린 신발끈에 묶인 붉은 조각이
바람에 찢기는 심장을 붙들고
뒤틀린 주황빛 사이로
텅 빈 우체통만 하루를 앓는다

구겨진 지갑 안
지워진 체온 하나가 남았다

손톱 밑 진흙을 더듬는 저녁
벌레 먹은 잔광을 입술 끝에 얹는다
쓴맛도 단맛도 없이
스러지는
한때 빛이었던 약속처럼

전등의 방

대지를 물고 있는 입술을 짓누르면 밤이 온다
국경 없는 어둠의 속성이다
길들지 않는 길들일 수 없는 알몸의 야생이다
혁명을 꿈꾸는 우리는 귀가한다
침묵으로 포효하는 방
손끝에 들킨 스위치를 딸깍
광년을 넘어 완전체로 진화한 어둠이 몰려나간다
쌀이 씻기고 변기 물이 내려지는
부풀어 오른 방의 끝에서 너는 깜박인다
이슥하게 박힌 별빛이 커튼 뒤로 숨는다
버석거리는 어둠의 내부에서 잉태된 너는 독생자다
광년을 달려야 하는 너는 분주하다
나는 너의 언저리에 앉아
매번 돌아오는 어둠과 빛의 한 켤레 신발을 생각한다
골목을 삐그덕거리며 지나가는 자전거 소리가 수줍게 들린다
어둠의 야생에 길든 너는 온갖 방의 모서리에서
가끔 달과 함께 우물에 빠진다
나는 얕은 수면을 뒤척여 반쯤 잠긴 달 한 바가지를 길어
어수룩한 점멸을 반복한다

날개 없이 산다는 건

아기새로 태어날 걸 그랬어
창만 열면 날아갈 수 있잖아
낙타도 고래도 닿지 못한
저 먼 끝자락
아무도 본 적 없는 첫 하늘

산맥을 허물고
오대양 육대주를 접어 종이비행기를 만들었지
바람의 척추를 타고
미끄러지듯
무의 경계까지 날고 싶었어

폭풍이 뺨을 때려도
눈보라가 속눈썹을 뒤덮어도
모래바람이 방향을 지워도 괜찮았어

오아시스 선술집에서
신기루에 홀린 채
오로라 발등 위에서
인어와 무지개다리 너머
노래했지

지친 깃털은 구름에 잠시 얹히고
또다시 나는 거야

가다가
눈 맞는 땅이 있다면
말없이 마음 한 줄기 묻는 거야
돌아오는 날
붉게 익은 기억들이
가지마다 반기도록

나는 여전히 창에 갇혀
빈 잔만 흔들어
눈먼 유리창에
무늬만 남기고 있어

뜻 없는 잔바람에도
부스스 일어나는 건
날개가 날개를 놓은 일

날아오르지 못한 새의
그늘 아래
살고 있었던 거야

연기보다 가벼운
쓰디쓴 먼지 같은
하루들 속에서

멍 때리기

티브이를 켜다 말고
파란 선탠지가 한 겹 숨을 뿜는 문틈을 바라본다
틈 사이로 빛이 갈지자로 농도를 흘린다

실내의 눅눅한 빛이 무거워
귀가 먼저 바깥으로 달아난다
공기가 걷어 올린 소리가 발끝까지 기어든다

두부 공장만 한 자동차가 지나가고
고물장수가 소리를 끌며 온다
과일장수가 향을 실어 온다

좁은 귀들이 골목을 훔친다
누가 먼저 말을 걸까
들키지 않으려 서로를 엿듣는다

고물장수는 자동차를
덜 익은 과일이라 중얼거리고
과일장수는 자동차를
철 지난 고물이라 중얼거린다

말들은 주인 없이 떠돌고

음색은 날씨의 안색을 묻는다
플라나리아 비속어처럼
먹구름 소리가
유통기한 스탬프를 찍으며 뭉근하게 퍼진다

도망가던 귀가
젖은 걸음으로 돌아오고
고요를 씹는 사이
입 안 가득 소리가 물처럼 번진다

아무 일 아니라는 듯
귓바퀴가 목까지 젖어
기억 틈을 흐르다
천천히 가라앉는다

구겨진 날씨가
말없이
나를 듣기 시작한다

밀착

이불을 뒤집어쓰고
감긴 눈이 옹알이면 뻐꾸기가 울어

산에 오르거나 아파트 계단을 오르면
땅에서 하늘로 떨어지는 상상을 하지

난간이 없는 건 잘못이 아니야
애초에 없는 거니까

땅에서 떨어져 죽은 나무들이 뒤엉켜
뿌리에 동굴이 생겼지
딱정벌레가 살아
그곳에 별자리가 피겠지

떨어진 신발 다시 신어야지
한쪽은 구름
한쪽은 밤하늘

공동묘지 아래
저수지의 비늘이 터졌다던가
물이 말라 비린내만 남았다거나
소문이 돌고 돌며 다투지만

끝은 같아

망원경을 거꾸로 너를 봐
가까이 더 가까이
아무것도 아닌 것으로 가득 차 있어

꽃도 피겠지
들불처럼
빛과 재가 엉겨 붙는
허공으로 느리게 떠오르겠지

스치다가 조금씩 가까워지다가
투명한 재가 되겠지
터져버릴 만큼

까맣게 잠들고 싶을 때

무늬 없이 미끄러지는 바람의
노을 끝자락 바라보다
아무 말도 안 하는 순간이 오는 거지

머리에 든 잡스런 생
지워지지도 남겨지지도 않아
틈만 생기면 톡 튀어나와
질질 웃는 망상들은 잘린 연극의 대사

창가에 걸린 먼지
달빛보다 먼저 들이 누운 그림자
말갛지도 짙지도 않은
무념의 외투를 뒤집어쓴다

아무것도 안 하는
아무것도 안 하는 게
가장 어려운 일일지도 몰라

근심 하나 눈동자에 얹어 굴리다
기울어진 침대가 뒤척인다
똑같은 뉴스 앵커가 세 번
다른 표정으로 같은 말을 반복할 즈음이면

무음으로 티브이를 끈다

꺼도 켠 듯
켜도 꺼진 듯한
정지된 화면에 무게 없는 시체로
살아 있다는 가면을 쓰고 하루가 눌어붙는다

노래도 아닌 것이 흘러나와
조금은 취한 듯 흔들리는
소파 위 그림자들이 서로를 먹는다

기척만 남기고 사라진 말들
멍하니
멍하게
멍 때리는 그 순간에야
숨도 쉬고
나도 살아 있는 것 같다

엘리베이터의 혀

매일 한 사람씩 삼킨다
입을 벌린 벽의 혀가 등짝을 핥는다
벽지는 오래된 설탕의 점막

감각은 닫힌 숨결에 눌려 휘어진다
버튼을 누를 때마다
버튼이 내 심장을 먼저 누른다
1층은 심연, 13층은 미신, 6층은 무관심의 잠복지
숫자들 사이로 체온이 흘러내린다

어제의 시간이 눌어붙은 바닥
말들은 발뒤꿈치에 으깨지고
눈빛은 납빛 벽에 튕겨
주름진 얼굴로 되돌아온다

기억하지 않는다
지운다
위와 아래, 위와 아래
얼마나 많은 고백이 씹히고 삼켜졌는지
얼마나 많은 이별이 무릎 꿇고 침묵했는지
층 사이에 낀 먼지가
혀 밑에서 오래 삭는다

가끔은 눌리지 않은 버튼이
밤새 운다
첫 자음처럼

수평으로 닫히는 귀
누군가의 등을 바라본다
낯선 향기가 목덜미를 문다
지나가는 계절보다 빠르게
눈꺼풀이 타오른다

하강은 언제나 속살을 파고드는 속셈
고도를 잃을수록
말 대신 금속의 침묵을 문다

혀는 언제나 닫히는 문 뒤에서

딩

오늘도 한 문장의 오늘이
혀끝에서 삼켜진다

나비와 허물

기억의 틈새에서 사진첩을 펼치면
나비 한 마리 날아오른다

섬세한 햇살에 붉은 날개가
손끝에서 미세하게 떨린다

나비의 연대기라 해야 할까
어머니의 일대기라 해야 할까
헷갈리는 저녁의 속삭임이다

알몸이던 계절
색을 입지 않은 눈빛이
묶음으로 고향에 눌어 있다

탈피란
껍질이 알몸을 벗는 일

온전히 벗어 남은 것이
허물이다

허물은 단단한 달빛
달빛의 갈라진 틈을 들여다보면

마루가 되어 걸레질하는
어머니의 곧추세운 무릎이 보인다

다시 나비를 연다
어머니를 닮은 달빛에
알몸을 채운다

두께를 잴 수 없는 애벌레 하나
아직 안에 남아 있다

외곽의 형체

낡은 거울 속 왼쪽 어깨가 먼저 닿는다
귓불을 타고 올라온 숨이
눈꺼풀 안쪽에서 식어간다

멈춘 시계는 손목을 잃고
빠진 시침이 어둠의 중심을 가늠한다
켜지지 않는 버튼 아래 꿈이 눌린다

목소리가 자음을 흘리며
식은 철사로 바닥을 긋는다
침묵이 입술 밑으로 떨어져
고요가 발끝에 움켜쥐어진다

빛은 이마보다 늦게 도착해
얼굴이 아닌 그늘의 결로 남는다

그늘을 따라 걷는 형체
붓 없이 외곽만 더듬는다

벽이 안쪽에서 밀려오고
얼룩이 피부를 벗어 기어오른다

거울 밖의 소리가 눈을 감는다

오래 숨은 채
왼쪽 어깨부터 몸을 입는다
발끝에서 일어난 미세한 떨림
거울보다 먼저
외곽의 선을 따라 걷기 시작한다

오렌지를 굽다

흩어진 낙엽 주머니가 숨죽인 날
바짓단에 접힌 공기는 무겁게 내려앉는다

엉거주춤
생채기 난 주먹이 만져진다

딸그랑 동전 한 닢
수레바퀴에 떨어진 오렌지 하나
흥정은 사치
외상이다

날카로운 바람이 구름을 깎아낸다는 건
익지 않은 물방울이 흘러내리기 때문

주인 없는 식탁
열두 개 손가락질 사이로
주름 잡힌 속살이 질척인다
붉은 신맛이 시리게 남는다

거미의 홑눈이 조각마다 숨 쉬고
새들은 나뭇가지 모으느라 바쁘다

오렌지를 구우면 단맛이 날까
대답을 기다리는 별무늬 프라이팬이
뜨겁다

허공의 눈

너를 읽다가
부르다 지친 이름이 허공이다
어디에나 있으나 닿을 수 없는 곳

얼음을 풀던 복수초였다가
베어 문 자두의 혀였다가
사이렌 속을 맴도는 구급차의 창문이었다

여름을 밀어낸 새는
낙엽 이전의 너였을까

잇몸을 드러낸 올 풀린 수평선이
양철지붕을 긁는다
눈꺼풀이 무거운 아이는
그 울음 모른다

가을이 창문 열고
울타리는 속살을 벗긴다
날개 흘린 골목의 뒤엉킨 소음이
늦은 종을 삼켜 넘긴다

설거지하던 낡은 찌개 그릇에

지난날 꿈보다 붉은 고춧가루
어제의 침묵보다 낮게 엎드린다

허공의 지친 입술이
속말로 번지는 나의 눈을 핥는다

붉은 파도로 접은 접시에 종이배 띄우며

배경이 되겠나요
배는 내 철부지 대역입니다
밑줄 지우듯 알아볼 수 있겠지요

당신은 먹다 남은 케이크와 촛불을 가져와요
나는 파랑 색연필을 자맥질로 다시 찾아오죠

돛은 떠돌이 바람이 보낸, 얼굴 잃은 모스부호죠
배경을 좋아하는 사진관에 가야 하나요
난 질문받는 걸 맛있어하죠

당신의 대역은 무엇인가요

당신은 실을 바늘귀에만 꿰는 면접관이죠
바다를 송두리째 염하던 걸 기억해요

꽃들이 모질게 접시에도 피어 숨차요
물 떠난 새들은 초침 속으로 스미죠

새 옷을 입어보면 어떨까요
한 배를 접었으니

아무렴요

접시가 파도를 타고 있어요
돌아오지 않아도 될 것 같지 않나요

방향타는 버려 주세요

어디로 가는지
들뜨지 않나요

배경을 해저보다 깊게 바꿀 차례입니다
닻의 거울 방을 닫아요

빨판 같은 붉은 별과 접시 밖을 항해해요

속옷의 날씨

오래된 체온 하나
소금기 낀 호흡으로 눅눅하게
사계절을 숨죽이며 눕혀두었지
봄은 핏빛 봄 여름은 목쉰 매미소리
가을은 벗겨진 책갈피의 냄새
겨울은 주름진 체온계의 뒷면이지
양말보다 먼저 닳은 고단함
골목마다 까진 무릎에서 들리던 먼지의 울음
발은 항상 집을 향해 굴절했지
구두코에서 어머니란 단어가 불쑥 자라나곤 했지
하루의 심지가 기운 없이 꺼져가면
부엌 불빛이 옹알거리며 냄비 속 국물 온도를 찾아내지
젖은 수건이 문틈에 누웠지
울음을 마른 채 숨소리로 스며들다
겨드랑이 밑 접힌 봉투처럼 숨겨진 결정들
자주 삼켜지다 때로는 터져버렸지
먹물로 토해낸 밤의 냄새가 이불에 스며 누웠지
속옷 속에는 외면한 계절들이 낡은 향수로 눌려 있지
간밤의 기름 냄새가 아직도 팔목에 매달려 있지
맺히지 못한 울음처럼 익지 못한 말
마지막 대화는
다림질 끝에 남은 주름 하나로 창문에서 펄럭였지

바람보다 먼저 울던 섬유의 결이었어
목소리도 없고 울지도 않던 속옷을
마루 끝 햇살의 체온에 널었지
햇빛은 천천히 나를 데우며 말라갔지
남은 온기는 살아 있는 듯 말없이 식었지
사라진 체온을 마지막으로 덮었지

조율

떠도는 소리 긁어 고로에 붓는다

소리 없는 탄생이 있을까
창세기의 골격도 소리다
생각의 결도
노을이 어둠을 부르는 뼈마디에도
소리가 맺힌다

풀무로 숨을 밀고 망치로 숨을 때린다

소리 안에서 소리를 끄집어낸다

소리는 꿈틀거리며
산을 짊어지던 지게를 흘리고
파도 잠재우던 숨비를 헹군다

단조의 물살을 견디는 동안
태초의 말씀이 바다를 끌어올려
살갗에 새겨진다

소리의 습성은 상대의 숨을 베고 누워
산을 삼킨다

소리는 침묵의 단단한 결을 읽어낸다

소리의 뼈들은 한없이 가벼워져
하늘의 맥박을 더듬으며 떠오른다

무거운 소리를 입김처럼 부풀려
생의 문을 연다

소리의 맥박이
처마를 빌려 허공의 집에 머무를 때

떠도는 소리는 무심의 살결 타고 흘러간다

몸 없는 몸이 된다

속옷 속의 당신

이끼 묻은 새벽이
저녁 목덜미를 물어뜯는다

묵언의 꿰맨 믿음 위에
장막이 한 치 더 낮아지고

목마른 샘
당신은 말 없는 그루터기

뭉툭한 가지 끝에 눈물 맺히면
세상은 늘
보이지 않는 별 하나를 품었다

남루한 쓴웃음 스미듯
어스름은 아무 약속 없이 스며들고

울음 삼키며 걷던 거리
고개 들던 빈 노트의 종잇장 같던 그날들
별 하나
가슴에 떨어져 묻혀도
하늘은
끝내 설익은 연둣빛이었다

내려놓는 한숨 속에도
당신은 고맙다 말하셨지

마지막 연
마지막 행에 남은 것이라곤
쇠창살 틈으로 들이쉰
검은 숨결 하나

어둠에 짓눌려도
당신은 저녁을 삼켜
새벽을 낳고 있다고

투영

오래된 미래에 관하여
등 돌린 창밖
펜 끝이 어깨를 스치며 지나간다

놀란 눈동자가 나를 노려본다
급히 일기장을 덮는다
주머니칼로 시선을 그어버린다
돌아서 정면을 응시한다

바닥을 헤매는 피보다
더 먼저 흘러버린 것은 시간
흘렀다기보다
쏟아졌다
공기 속으로 흩어졌다

창이 나를 바라본다
눈동자 없는 그와 내가 마주 선다
나는 눈 대신 입을 가린다

그는 창밖을 가리키며
여기가 안이라고 말한다
왼쪽을 가리키며 오른쪽이라 한다

부정도 긍정도 없이
그라 불렀던 나를 문득 깨닫는다
창을 배신하듯 생각을 되짚는다

눈동자를 다시 찾아야 한다고 그는 말한다

덮인 일기장에 숨은 펜 끝이
나를 읽고 있다

안개의 시간

그래요
지금은 아무 말 없이 바라만 봐요

단추를 두어 개 풀면
묵은 숨이 마루 끝 햇살로 스르르 흘러나와요

흐름에 맡겨요
어디서 왔는지
어디로 가는지 묻지 말아요

세상은 늘
잠시 궁금해지는 것이니까요

나뭇잎 사이를 미끄러지는 새소리
구름 끄트머리에 매달린 바람 한 줄기
모퉁이를 돌아가는 사람들의 발끝
지나가면서도 남겨지는 것들

스쳐가는 중이에요
가려졌다고 사라지는 건 아니잖아요

깊어진 눈물의 가장자리에서

오래된 말들을 먼지처럼 털어내요
익숙한 상처일수록
고요히 숨결처럼 보내줘야 하니까요

단추 하나 더 풀어요
마음의 자리 조금 더 비워요
신호등 앞에서 멈춘 발처럼
흐림 속에서 나는 나를 잃어도 괜찮아요

사뿐히 흰나비가 날갯짓할 때
조용한 미소에 등 기대며
흘러가는 시간에
몸과 마음 실어 보내요

잃는 듯하면서 선명하게 되돌려주는
맑은 여백이잖아요

새벽이 오는 또 다른 이유

아둔한 저녁
목울대에 걸린 눈송이 한 점이 녹는다

이슬 꿰어 영근 달이
그믐까지 기울어 있다

잉크에 젖은 평화가
일기장 모서리에서 간헐적으로 깜박이고

내가 판 구덩이 속에서
또 다른 내가 나를 모니터링한다

땡볕의 슬픔이
모래 언덕을 기어오른다

등대는 바다 한가운데서
여전히 민박 중이다
창문마다 비린 파도가 묵는다

맹물 같은 세상
세월에 무작위로 경고장을 날리는 커서

눈발보다 짙은 바다가
나지막한 누군가의 속눈썹을 흔들며
하얀 적막을 펼친다

들릴 듯
지워지지 않는 체온 하나가
새벽의 이유를 대신 쓴다

도계장

밤새 어둠의 척추를 눌러 일으킨
새빨간 거짓말 같은 해가 목을 꺾고 추락한다

젖은 가슴에서 날개를 떼어낼 때
아기는 그림자의 순서를 배운다
뼈는 피보다 오래 운다

거꾸로 매달린 터널
칼날에 얼어붙는 검은 불빛
깨진 유리의 비명
울타리를 삼킨 휘둥그레한 내장들

갈고리 비린 소리가 맴돈다
철탑은 동심원을 긁으며 시간을 벗긴다
겨울은 도착했고
여름은 수신되지 않는다

부도난 약속처럼 허공을 흩날리는 깃털
내 안 골목마다 썩어가는 갑골문자
잉크 없이 번지는 찢긴 침묵의 그을음
되씹다 삼킨 혀는 독이 되어 번진다

기록되지 않은 말들이
목 잘린 시간 위에 붉은 자수로 기워진다
지워지지 않는 선
기억은 선을 넘는 것만이 남는다

새 벽 첫 차

잠들었던 뒷문이 열리자
손끝으로 새벽이 들어온다

자명종보다 정확한 부고 한 장이
숨을 내쉰다

비워내는 공기
블랙홀의 입구

툭 툭
쉽게 버려지는 숨들
가쁘던 지난날의 체온이
초속으로 압축되어 추락한다

기계화된 곡비 소리
길고양이의 눈에 불꽃이 맺힌다

찌든 비닐봉지 속
휘발성 생들이 인쇄되어 온다
붙잡을 수 없는 순서로
그늘이 번진다

첫 차가 어둠의 허리를 꿰맨다
바퀴에 매달린 먼지들이
어제의 문장을 지운다

나는 또 다른 하루를 입는다
몸에 스민 공기마저
조용히 나를 살아낸다

누에의 집

몸을 갉아먹으며 한 올씩 실을 토한다
침묵이 혀끝에서 번져 나를 삼킨다

덮이지 않은 살갗이 어둠을 꿰매고
숨결은 길게 눌려 벽을 세운다

나는 바람을 태우는 작은 악기

목소리는 선율이 되지 못한 채
풀리며 흘러내린다
들리지 않는 떨림을 발끝으로 더듬는다

닫힌 입술은 무덤처럼 켜켜이 쌓이고
하늘을 밀어내던 긴 숨은 벽에 기댄다
적막을 안에 매달아
살아 있다는 증거를 감아올린다

몸은 나를 지우고
그림자는 고독을 길러
홀로 노래한다
삼킨 눈물을 다시 실로 뱉어낸다

껍질은 바람에 씹히고
남은 고치는 흰 무덤이 되어 흔들린다
낡은 벽지를 벗기듯
시간을 찢어낸다

사라진다고 믿으면서 동시에 남는다
남는 것은 내게서 길어낸 실
희미한 흔적의 결
손으로만 만져지는 보이지 않는 기억

감아 묶고 풀어낸다
낯설어진 숨으로 나를 벼린다
몸은 집이 되고
집은 관이 되고
관은 문이 되어 열린다

끝나지 않은 호흡
태워내며 새 날개를 기른다
나는 나를 묻어
다른 내가 된다

소금과 노을

혀끝에 닿은 울음이 짭조름하다

시간이 누락된 틈새로
식어가는 햇살이 입맞춤하면
써레질 끝에 흘러간 하루의 조각이
수평선에 말라붙은 숨의 껍질이 된다

적막은 뼈를 세운다

굽은 등 너머로 퍼붓는 하늘 한 삽
입안에선 푸석한 침묵이 녹아내리고
삶의 결정들이 바스러진다

오랜 편지의 모서리 닳은 기억이
노을길 끝에서 소금기 어린 바람을 삼킨다

태울수록 단단해지는 어깨의 결에
빛의 파편은 붉게 박히고
눌어붙은 향은 씁쓸하게 번진다

하루가 깡마르게 돌아가는 동안

하나의 저녁이
그을린 꽃으로 핀다

손등에 음각된 하늘빛을 핥아보면
짠맛 배어 있는 구겨진 석별이 녹아 있다

가까워질수록 스미며 사라지는
이름도 없는 노을처럼 소금처럼
끝을 말하지 않는다

붉은 침묵 속에
서서히 감춘다

닻줄

바람이 혀끝을 핥고 간다
짭짤한 맛은 오래된 생의 문장을 읽는 손끝
물속에서 꿈을 끌어올리는 근육이다
쇠비린내에 길러진 손등의 주름은
지도도 나침반도 없는 바다의 사투리

새벽은 늘 파랗게 젖는다
검푸른 안개 뚫고 나아갈 때
심장이 박동 친다 묵직하고 말없이

손이 감쌀 때마다
바다는 울음을 멈춘다
지문 사이에 스며든 소금기
귀로 들리는 촉감
하루하루 바다에 저당 잡힌 채
감겨버린 시간 속에서
오늘을 풀고 또 묶는다

뱃전에 말려 마르며
그날 잡히지 않은 고기마저 무거운 침묵을 연주한다
쪼개진 손톱 밑에 숨은 파도와
무릎이 기억하는 흔들림의 교향곡을

닻은 삶을 결코 완전히 내리지 않는다
일어설 준비가 된 정적
해초 냄새와 등짐 무게가
등을 타고 흘러내린다

매일 바다라는 단어에 이름을 새긴다
닻줄의 필체로

낙지의 천문학

별빛 부스러기를 주워
검은 물아래서 태어난다

촉수마다 긴장을 감는
우주의 신경이 기어 다니는 밤

하늘은 냉담한 청색 불을 달고
차가운 바닷속에서 열을 낳는다

다리는 은하로 퍼져 나가고
중심엔 말이 없는 물컹한 심장이 뛴다
말 대신 먹물을 뱉는 심장

포식자가 다가오면
별자리를 기억한다
도망치듯 그리는 궤적은
한낮의 천문학자도 해독하지 못할 정밀함

별은 나를 보지 못한다
나는 별을 의식한다
검은 물속 어둠 품은 살결로
은하의 파편이라 믿는다

무수한 날갯짓 다리짓 탈피 숨어들기
이 행위는 죽음을 유예하는 춤

촉수 끝에서 터지는 감각은
수천 광년의 별빛을 끌어온다
믿음이 별을 이끈다
별을 만질 수 있다고 믿는다

죽음 앞에서도 하늘을 향해 다리를 뻗는다
별이 떨어질 때면
다리 하나 내어준다

패배가 아니다
깨달음이다

밤하늘 아래
바다 한복판에서
별이 된다

만조

바다로 나가는 쪽문을 열면
바다가 들어온다
바람이 풀어놓은 지난 계절의 하늘만큼 싱싱하다

등이 푸르러져야 돌아오는 지아비 대신
손질도 못한 날 선 고등어가 파도를 끌며 눕는다

갯머리가 푸른 새벽을 베어내고
늙은 망태기가 무릎 꿇은 갯바위 위에 퀭하다

비린 바람 싣고 만파식적 따라 넘나들던 부표들
들숨날숨 세다 하얀 모시나비 떼로 부서진다

바다가 파도를 삼키고 돌아누운 선착장으로
머리 풀어헤친 불빛이 항해를 떠난다

초혼하듯 만선 깃발이 터진 구름에 걸린 채
꿈을 말리고
낙지 빨판 같은 숨비 소리가 뱃머리에 걸린다

모스부호 보내는 철부지 닻이
이름 하나 잊으려 주름 깊은 유물을 박음질한다

등 푸른 낮달이
사진관 배경에 말리지 못한 지느러미로
펄럭이며 밤을 건넌다

귀로

잠든 바다에 귀를 얹는다

꿈꾸는 바다는 길게 저린 유물처럼
찌든 채 뒤척인다

유물들은 셀 수 없이 많다
가장 최근의 유물이라면
근육질로 굳은 돌문어일 것이다

바다는 제 안의 물고기를 삼키기도 하고
제 몸을 먹이로 내주기도 한다

바다는 바다를 찾기 위해
섬들을 검색한다

갯바위에 잘 버무려진 미역 줄기가 택배로 오고
먼바다 외딴섬에서
소라 가득 든 상자가 도착한다

바다가 모로 누워 가자미눈을 뜬다
바다가 바라보는 바다의 창
창문 너머

보지 못한 열기구가 떠오른다

갯벌이 달려가고
갯바위가 중심을 옮긴다
바다는 바다로 가기 위해
월력을 산다며 숨비소리를 낸다

소금기 한창인 주머니 속에서
마른 파도가 짤랑거린다

봄을 할퀴다

봄이 왔다는데
봄을 모르겠어요
우리 집 얼룩 고양이 같아요
봄에서 고양이 발톱 냄새가 나요
골목 전봇대에도 고양이들이 나풀거려요
눈빛으로 봄을 할퀴어 봤어요
구직 광고에서 봄을 할인한다는데
사는 사람이 없어요
봄인데 낙엽이 뒹굴어요
익숙한 광경이죠
없는 것 빼고 다 있다는
마트의 광고처럼 없는 것만 있죠
식은 닭다리를 뜯으며
고양이의 입 크기만큼 우편함의 입을 열어봐요
얼굴 없는 자전거 바퀴가 곡예를 하며 멀어져요
봄은 봄이라서 봄이라는데
어디에 쌓이는 걸까요
여전히 바람은 불어요 고요해요
잔털 같은 속옷조차 문을 닫아버렸어요
문을 열면 고양이가 나를 반겨요
고양이 이름을
봄이라 부를까 해요

봄이 발톱을 세우고 있어요

어느새
나는 할퀴어지는 쪽이에요

개나리의 길

서리꽃 필 무렵
작은 언덕을 바람에 묻었지

둘레에는 황톳빛 눈이 누더기로 흩날아
숨죽인 강물 위
먼 산이 그림자만 덧그렸지

평생 옷 한 벌 다듬을 줄 몰랐으니
수의마저 낡은 올로 풀려 있겠지

먹장구름은 가시풀 사이에 앉아
말없이 돌탑만 허물어뜨렸지

말 한마디 나서지 못한 그믐달의 땅에서
산새보다 날카롭게 떠나는
달의 길을 보았던가

입술 대신 바늘을 물던 날들
피 대신 실이 흐르던 날들

이제야 얼기설기 엮어 입는 수의
잊힌 땅을 털고

개나리 피는 날
먼 별 하나로 스며 나오시는가

발아

얼음강 건너
멧새 우는 소리에
땅속 잠든 물음표 하나 깨어난다

어미 배 떠난 자리
우레에 떨며 되뇌이다가
고요 속에서 내 이름 불러본다

허공에 돌탑 쌓으며
이끼에 젖은 고백 하나
느릿하게 기어오른다

맑은 날엔 쉼표에 앉아
지나간 꽃향기를
손끝으로 어루만진다

물레방아가 돌고 다시
도돌이표 따라 후렴으로 돈다

어느 땅끝
등대 하나에 기대어
느낌표에 푸른 돛을 달면

지평선 너머
얼어붙은 낙엽 그림자
마침표 되어 여울로 흐른다

유월의 붉은 수유

검둥개가 핥고 간 달동네
늙은 산밤나무에도
기어이 꽃이 피었다

다랑논은 젖가슴 드러내고
코흘리개 햇살에
모처럼 수유를 시작한다

못줄쟁이 타령에 맞춰
묵은 물빛조차
애무를 허락한다

장마당에 나가려던 바람을
입에 문 채
교미 중인 긴 혀는 지칠 줄 모른다

녹슨 쇠가 드리운 그림자에 젖어
발정 난 시간으로부터
수신되는 기억은

붉게
더 붉게
스며든다

벚꽃

해걸음 짙어갈수록
뒤 뜰 벚나무 눈망울 촉촉해진다

서있기조차 힘든지
지친 허공에 스미는 팔다리

꽃 피우기까지 먼 길 돌아
겨우 한 철
온 생을 밀어 올린다

무리 지어 숨 고르는 벌들
분홍빛 꽃숨 흘려보낸다

마침내
하나씩 꽃잎 내려놓는 어머니

빈 가지 끝마다
한 생이 접힌 자리
상처 난 봄이 하얗게 젖어 있다

유월 어느 모퉁이

어미의 젖마른 바람이
깃발 끝에 매달려 스민다

논물 마시던 까마귀 떼는
정오를 쪼아대고
천수답 무궁화엔
밤꽃 냄새가 낭자하다

쉰내 나도록 울던 강이
마디마다 상처 키우며
저녁으로 휜다

발톱 드러낸 살쾡이의 산그늘
녹슨 자전거를 탄
무명의 비목들이 지나간다

누군가의 말문은 구멍 난 창호지
누군가의 눈과 귀는 덧문이다

총부리 같은 먼지가
포말처럼 일고
습자지 같은 총성이
갓길에 반짝이다 멎는다

갯벌 냄새 묻은 장미는
묵은 기억으로 붉어진다

목련의 항로

빙하의 파도가 선고한 폐선
얼어붙은 링거 줄에서 태엽 늘리는 눈동자
길을 찾고 있다

풀린 어둠이 감아올린 길
유언 같은 숨결이 새벽을 꿰맨다

겨울이 비 오듯 타오르고
적도와 자오선을 넘나든 손금
목이 찢긴 기억의 항로를 대패질한다

하얗게 타오르던 시절 지나
서걱이는 침묵이 덧칠된다

하늘길 향해 비목의 이름 부르다
마지막 어둠 지우는 샹들리에

붉은 전야

물오르는 봄
이것은 잔인하다
전쟁 서막을 알리는 전야제다

꽃들이 핀다
이것은 처절하다
한 치 양보 없는 백병전이다

아군 없는
이 전쟁은 역사보다 길다
고고학으로도 찾을 수 없는 섭리다

총부리 없는
간단한 공식이지만
풀리지 않는 수다

꾸불텅거리는 새벽 날씨
현관 밖으로 꽃이 핀다
만삭인 아내가 핀다

붉게...

꽃샘

어미 머문 자리엔
봉오리도 펴기 전 잎눈이 져버린다

새벽 들녘엔 갓 뜯은 미나리 비린내
이슬 젖은 손끝으로 얼음장을 헤집는다

골짝 바람 곁에
숨결 모아 붙인 구멍 난 옷섶
한 땀 또 한 땀 견딘 겨울이 스민다

강은 언제나 배불렀다
허기진 건
강가에 선 어미의 등허리였다

서리 낀 손바닥으로 흐름을 씻는다
봄이란 씨눈 같은 별 하나
웃음조차 잘라 말리며 가슴께 접어둔다

눈송이 삼킨 찬바람
마루 끝에 쌓여
돌 틈마다 얼음밥 빚는다

장독대 위 정화수

누구 기다리듯 미동도 없이 얼어붙어
어미는 묵은 강물의 빛을 닮아간다

봄볕도 외면한 날
눈송이에 휘청이다
문득
꺾인다

송화

잡초 우거진 하늘
뿌리 묻은 적 없는 소나무가
까치발로 저무는
어둠 너머 떠나는 구름을 더듬는다

갈라진 가슴으로도 모자라
온몸에 솔잎 누비는 어메
말라붙은 숨결 사이
언 손으로 이승의 끝을 짚는다

와불 따라 누워
반쯤 감긴 눈동자에
안개강 저어 가는 달빛이 스며든다

낡은 추녀 끝에 매달린 바람
낙엽 하나 늦게 젖어
숨죽인 발자국을 되뇐다
사라진 이름, 지워진 기도

희미해지는 이마 끝
마른 송진으로 떨어지는 눈물 한 방울

어메야
강물보다 끈적이게 핀다
숨결보다 가벼운 기억의 먼지가
아미에 쌓인다

할미꽃

바람이
바위틈에 노을 한 점
떨구고 갔으리라

한 생을 다해
물컹한 울음을 삼켰으리라

하얗거나 검은 이별의 골짜기

저물녘 산지기 그림자로
가늘고 길게
바람 따라 늘어졌으리라

빈 가지에 걸린 달 한 조각
오래된 심장에 묻었으리라

나비는
강물 빛으로 피어나고
장승은
허공에 스민 산빛으로 스러졌으리라

우물의 마지막 눈물 긷던 날
낙엽 틈새로 붉게 터진 하늘
처음이자 마지막으로
올려다보았으리라

깊어진 달빛 아래
불리지 않는 낡은 품을 열어
긴 숨결

이슬 진 자리에
바람의 뿌리로 스며들었으리라

고사목

당신이 불러주지 않는
나는 누구입니까

외딴 바위섬에서
긴 밤 견디며 하늘을 움켜쥐어도
달빛은 얼굴을 보여주지 않습니다

어스름이 다가오던 새벽
창백한 이슬이 내 뼈를 감싸도
어린 새의 날갯짓으로도 일던
푸른 바람은 돌아오지 않습니다

산맥을 흔들던 파도는
낙엽 되어
지친 발목을 휘감고 쌓입니다

내일을 입맞춤하던
부서진 이름에 숨 가쁜 이끼로
누군가의 비문을 읽는 나는

끝내
불리지 않은 이름입니까

마지막 남은 나뭇잎의 노래

떠나는 날엔
바람마저 숨죽였으면

찻잔 속 하늘은
푸르게 식어갔으면

엄니 등에
투정 부리다 잠든 아이처럼

그리움도 기댈 등이 있었으면

저무는 빛 따라
보리 숨 쉬는 언덕 너머

어머니의 어머니에게서
자장가 피어났으면

노래 결 따라
저녁 이슬로 흩어지다

뒷곁 장독대 위에
소리 없이 내려앉았으면

피지 못한 진달래

강을 비우지 못한 강물이
짧아진 소매 끝에 봄을 숨긴다

고요가 비운 하늘
늙은 바람이 한 발짝 숨결을 얹는다

벚꽃도 목련도
고개 숙인 봄의 장막
발끝까지 눈송이로 내린다

누구의 진달래였을까
꽃잎 한 장 읽지 못한 채
젖은 햇살 위로 발자국 하나 지워진다

바람은 등을 밀어
기억에도 걸리지 못한 이별을 지난다

뒷산 작은 돌무덤에
어린 울음 한 송이
끝내 눈망울을 감추지 못한다

묻히지 못한 발자취

돌빛에 새긴 이름 없는 흔적

바람의 뒷면을 여미어 피워 올리는
풀잎 가느다란 속삭임이
붉다

텅 빈 계절 한 줄

투덜대는 막바지 노을
은행 하나 양철 지붕에 떨어진다

텅
텅
터더덩

비워진 소리
끌어안았다 놓는 속 빈 풍경

품었던 바람 스쳐가고
푸른 눈물도 바래진다

비문의 육필처럼 살아
살기 위해
낡은 가을을 써레질하던 나날들

깃발도 없이 이름도 없이
햇살 아래 쌓인 먼지를
조심스레 털어낸다

무구한 연민의 한 줌 기도

바닥 끌며 터덜거리는 발끝
고요를 묻히며 걷는다

기억의 소매 끝에서 주저앉는 발자국들
길 잃은 종소리로 멀어진다

아무도 들여다보지 못한
그림자의 골짜기에서
하나둘 벗어나는

수직의 해탈이
하늘빛보다 깊어간다

눈 내리는 길목

누군가 밟고 간 눈 위에
고집스런 눈이 내린다

차가운 숨결이 피부를 스쳐
발끝 따라 서서히 얼어붙는다

가고 있는 길
갈 수밖에 없는 길
흔해서 잊은 길
흔치 않아서 남은 길에도 내린다

고갯길 쉬어 가자고
쉬어가자는 말조차 쉬어가라고
굴뚝새 날갯짓이 울리는 빈 공간에도
동백 붉은 어깨에도 내린다

지난 길 잊으라고 내린다
울음으로 웃던
웃음으로 울던
뜨거워서 설웁던
불 꺼진 집창촌에도
말없이 내린다

눈 내리면
마침표 잃은 내 겨울 나침반에도
방향을 잃고 못 내 내린다

차 한 잔 나누자던 민둥산 머리맡에
잡풀보다 질긴 침묵만이
하얗게 쌓여간다

눈 내리는 봄날

구름 꼬리에
낡은 이정표 하나 걸려 있다

새끼 고라니 우는 숲 너머
백발 핀 지붕까지

숨죽여
따라가 본다

강이 징검다리 건너
진달래 언덕에 이르는 동안

잠깐
봄이 핀다

나물 캐시던 어머니
언 손으로 고봉밥 서두르신다

떠나시려는가
눈빛 고인 길을

봄이 지운 길 위에

아무도 밟지 않은
발자국 하나

코스모스

가늘고 긴 서로의 하루들
여윈 어깨에 기대어 선다
가을 한 올 속울음으로 떨리다
혀끝에 부서지는 별의 소금맛

팔랑이는 계절의 울림이
기억 너머 잊힌 이름을 스친다
숨결보다 먼저 닿은 빛의 떨림
손끝에 스며든 첫눈보다 가볍다

꽃잎 하나 귀를 대면
빛을 삼킨 시간의 잔향이 들린다
눈물보다 늦게 피는
한 송이 무게
말 없는 기다림

붙잡으면 부서지고
외면하면 저 홀로 피어난다
상처의 뿌리를 밀어 올리는
숨죽인 실핏줄의 생

바람의 어깨 위에서

허공을 견디는 법을 배운다
흔들리면서도 무너지지 않는

바람이 지나 어둠이 앉은자리
길고 여린 목을 하고도
묵직한 우주를 말없이
끝내 이고 있다

11월 버드나무 푸른 잎

바람에 물든 목소리로 태어나
바람의 뼈를 흔들며 가려는 것인지

젖은 웃음 냄새로 떠도는 유년의 미소가
가슴 언저리에서 울고 있다

살다가
눈이 귀를 대신 들어
적막을 훑는 날이 있고

작달비가 입안에 들어
쓴 숨으로 가슴을 적신 날이 있다

푸른 입김이 서걱이는 11월
찬 기운이 손끝에 눌러앉아
햇살 그슬리는 울음을 끌어낸다

태우고도 지워지지 않는
젖먹이 눈빛의 촉감은
손바닥을 문지르는 듯 푸르다

바닥이 입김 물고 있는 날

말 없는 꽃잎으로 숨을 털다
제멋대로 피어 봄보다 푸른
마지막 숨

농을 건너다

동여 온 천년
허리띠 열어 강을 켠다

삭여내고 깎아온 속울음이
가난이 그을린 저물녘을 지네발로 기고 있다

강이 능골을 써레질하다 별자리로 목을 축일 때면
건너편 앉은뱅이 자목련은 머리에
고요를 하얗게 올리곤 한다

시뻘건 악다구니가 먹구름으로 둥지 틀어도
서녘을 횃불로 든 노인은 사라질 듯 사라지지 않고
장마당 능란한 봇짐만 죽비 소리로 칭얼댄다

비탈진 성황당 길에는
흐르지 못한 어린 물빛들이 손가락을 센다

바위틈에 자라다 무딘 정소리에
목이 꺾인 고사리마저
디딤돌을 묵언으로 다듬었으리라

어머니의 어머니 손끝에서

아버지의 아버지 등허리로 이어진
너럭바위가 천년으로 징을 울린다

누구일까

이끼 앉은 법어 풀무질하여
뭉게구름도 종을 만들게 하는 이

강줄기가 종소리 따라 무심 저어 오르는데
연꽃 피는 언덕에서 물고기가 바람을 조율하게 하는 이

인연으로 초벌한 고로에서
눈물 훑던 엄마와 아이가 마주 보며 합장할 때
자맥질하던 물새들 멈추게 하는 이

또 누구일까
삼라의 묵언 열어 부처 얼굴에 쇳물보다 뜨거운
미소 놓고 떠나는 이

터질듯한 하늘 담금질하여
산과 들과 강을 핏줄보다 선명하게
불조 여미어 가슴마다 처음 조각하는 이

무량한 불의 정토로
이슬보다 가냘픈 풀씨도
염원의 꽃으로 주조하는 이

차마 누구일까
천 년을 살아온 나의 붓 끝마저
무두질하는 직지는

노을. 1

아이가
가난에 그을린
아궁이를 헤집는다

배시시 웃으며 꺼낸
타다 남은 별빛 몇 점
촉촉이 눈빛으로 흘려보낸다

이 빠진 산을 지고 오는 지게와
허리 접으며 지나가는 재봉틀
돌밭길엔 누이 닮은 들꽃이
고개 숙여 하얗게 피는 소리 들린다

소매 짧은 바람이
지나간 어둠의 끝자락을 구워낸다
핏기 빠진 지붕 위에
가만히 앉는 불빛이 마른 손등에서 떨린다

가을 타는 냄새가
묵은 햇살 틈에 스며
기워지던 침묵이
식어버린 문턱에 몸을 기대앉는다

말없이
어머니 치맛자락에 저녁이 배어드는 걸 본다

노을. 2

가을걷이 끝난 들판 길을 걷다
끝자락의 바람이 눈 밑으로 스치고
구름이 허기를 털어내는 사이
괜스레 눈시울이 젖는다

만삭인 아내가
비껴 선 허수아비를 바라보다
눈빛 마주친 내 옆구리를
살며시 건드린다

뼈대만 남아 바람이 걸어 잠근
얼굴마저 지워지는 허수아비
가벼워 보이지 않는 건
속내를 말리는 중이어서일까

녹슨 새벽을 갈퀴로 긁던
삽사리도 잠드는 밤을 지나
마른 숨결 눌러 기척만으로 배어들어
불빛 좇다 사라지는 발자국

이슬보다 먼저 들판을 건너던
꽃물 드는 하늘 수레에 싣고

불러도 닿지 않는
저편으로 넘어가는 저녁

낡은 그림자 하나
묵묵히 저물고 있다

노을. 3

구겨진 주머니 속
타다 만 별 하나
그을린 심장이 시간의 바람결에
웅크린다

허기진 산등성이와 지게 그림자 사이로
닳아빠진 노래들이 흔들리고
돌아보지 못한 작별들이
묵직하게 쌓인다

침묵의 조각이 바람에 흩어져
지문 닳은 손바닥에
부서진 별 하나가 움켜잡힌다

저녁이 껍질 벗기듯
숨죽인 등허리를 스쳐 지나간다

아이가
검게 식은 아궁이의 불씨를
살며시 헤집는다

작은 눈빛 하나 켜지고
노을의 잔해가 조용히 배어든다

노을. 4

패인 바닥에 웅크린 눈망울이
늙은 골목의 기억을 짚는다

기왓장 사이로
달그락 별이 흘러내리고
고양이 울음이
담쟁이 그늘에 매달려 흔들린다

삭은 김치 냄새와
낡은 우편함의 쇠비린 향
땀내 묻은 바람이
누군가의 여름을 밀어낸다

수세미꽃이 대문을 반쯤 열고
바랜 라디오 소리를
허공에 널어 말린다

목욕탕 굴뚝 위로
비눗방울 같은 햇살이 튀고
발등엔 때 묻은 운동화 자국이
고요히 눌어붙는다

엄니의 젖은 고무장갑 틈새로

새어든 마른 내음이
골목 어귀 노을에 앉아
가만히 손짓한다

노을. 5

노을을 반죽해 저녁을 짓는다
구부러진 어깨 위에
작아진 하루
한 땀씩 눌러 얹는다

손끝에 밴 연기
묵은 나무 옆구리를 더듬는다

기왓장 틈을 훑는 산등성이
가마솥 뚜껑을 천천히 덮어
부스러진 소리를 안고 끓는다

등에 스민 숲내음이
된장의 골을 타며 번지고
아궁이 속 숨죽인 불씨가
그을린 심지를 덮는다

잠깐 불꽃이 춤추듯 일어난다
고요에 기대던 그릇이 숨죽인다

어머니는 말없이
남은 빛을 반찬 삼아

밥상 끝자락에 어둠을 끌어들여
그늘 펴고 하루를 접는다

점선

허투른 날씨가 시멘트 골목길에 뒹군다

전기 끊어진 마을에서는 주민자치위원장을 뽑는다
소용돌이치던 어귀에 양의 창자가 걸려있다

증인석 같은 먼지와 변호인석 같은
날짜 없는 플래카드가 팽팽하게 눈을 맞뜨고 있다

평행선 안으로 너는 오고 나는 간다
마주친 적 없는 공기 알갱이들에게
봄날의 미끄럼 주의 표지판은 공문서 빈란의 무표정이다

간곡함 없는 새벽과 저녁 빛이 길게 늘어져
희뿌연 기억만 마임 중이다

부도난 상상과 지퍼 올린 얼굴들
다행히 외투가 헐겁다

시간이 뚝뚝 끊기다 길모퉁이에서 부서진다

《 사라진 초승달에 관한 다섯 가지 기록 》

1. 은하 방범대

아침을 붙잡고 추궁 중이다
지난밤 사라진 초승달에 대하여

겨우 기어 나와
이불자락만 살짝 넘기고
눈꺼풀 속에서 꿈을 덜 말린 채
수줍은 미소를 흘린다

아침은
아침으로 태어났기 때문에 모른다고
빛의 목덜미를 젖힌다

다만
샛별이 호수 수면에 띄워 보냈다거나
구름이 안갯속에 감췄다는
속삭임만 떠돈다

아이를 찾습니다
손톱을 닮은 아이를 보신 분은
달무리 너머
은하 방범대 창문에 별 하나 붙여놓고
살며시 귓속말로 알려주시기 바랍니다

별 하나쯤 더 생긴다 해도
밤하늘은
아직 아무 말도 하지 않았습니다

2. 샛별 진술서

밤이 끝나갈 무렵
그 애가 내게로 왔습니다
손끝이 새벽에 닿기 직전이었고
아무 말도 하지 않았습니다

나도
묻지 않았습니다
그 애는
한 점 소리 없이
나를 지나갔습니다

다만
어깨에 기대어 숨을 조금 고르며
별빛을 훔쳐갔습니다

웃고 있었어요
웃음 끝에
울음이 닿아 있었어요

데려가야 할지
그대로 두어야 할지
아무도 묻지 않았지만

나는
그 애의 침묵 속에 잠기고 싶었습니다

그때
구름이 왔어요
치마폭을 펴
그 애를 가만히 덮었고
둘은 말없이 걸어갔습니다

나는 여전히 그 자리에 있습니다
새벽이 나를 밀어낼 때까지
어깨 한쪽에
그 애의 체온이
물빛으로 남아 있습니다

아무도 묻지 않았지만
나는
그 애의 침묵 속에
말이 사라지는 쪽으로
기울고 있습니다

별 하나가

나를 바라보고 있다는 느낌을
지워내지 못하고 있습니다

3. 구름의 치마폭

숨긴 것이 아니에요
그 애가 내게 숨은 거예요
울음을 멈추지 못해
가만히 품었을 뿐이에요

초승달은 빛나기 위해
너무 많은 어둠을 혼자 안고 있었어요

누가
그 애를 그렇게 잘게 깎았을까요
새벽이 오기도 전에
이미
다 닳아 있었어요

작고 마른 등을
치마폭으로 감쌌습니다
비가 오려는 밤이었고
하늘은 조금씩 주저앉았어요

그 애는
마른 잎처럼 떨렸고
휘어진 침묵이

내 속에서 작은 숨으로 잠들었습니다

묻지 마세요
왜
그 애가
이 세상의 모서리에서 빠져나가려 했는지

나는
다만 덮었을 뿐이에요
바람이 지날 때마다
그 애의 이름이
조금씩
내 안에서 흔들리고 있어요

사라졌다는 건
없어진 게 아니라
머물던 자리에 기억을 남기는 일

은하 방범대가 찾으러 왔고
샛별은
아직도 그 자리에서 떨고 있어요

그 애가

스스로 빛을 거두던 날
세상은 조용했고
내 안엔
물비늘 하나
느리게 흔들리고 있었습니다

4. 초승달의 진술

사라지고 싶었습니다

반쯤 비워진 몸으로
세상을 다 비출 수는 없었어요
밤마다
반짝임을 버티는 일이 점점 투명해졌고

나는
내가 되지 못한 채
누군가의 이야기 속에서만
빛나고 있었습니다

구름의 무릎 위에 누워
샛별과 귓속말을 주고받고
호수에 비친 나를 보며
어느 쪽이 진짜인지
자꾸 헷갈렸어요

그날 밤
내 안의 어둠이 먼저 손을 내밀었고
빛이 나를 떠나기 전에
나는

스스로 잠들기로 했습니다

누가 데려간 것도
숨긴 것도 아니에요

나는
내가 되는 마지막 순간에
조용히 사라졌습니다

물빛이 나를 안았고
샛별은 끝내 울지 않았으며
구름은 말없이 치마폭을 내려주었어요

지금 나는
그들 안에 머물러 있습니다
기억 속 반쪽으로 남아
언젠가
다시 차오르기 위해

아주 천천히
나를 잊는 중입니다

5. 호수의 진술서

말하지 않았습니다 나는 다만 얼음빛에 숨 쉬며 차갑게 반짝이다가
그 애가 내 안 깊숙이 스며드는 걸 느꼈을 뿐입니다

그 애는 나를 오래도록 들여다보았지요 비어 있는 얼굴 위로
잔잔한 물결이 무겁게 끝내는 투명하게 떨렸습니다

아무 말 없이 자신을 물속 깊은 어둠에 밀어 넣었고
빛은 꺼지지 않았습니다 녹아내리는 얼음처럼
투명한 맛으로 천천히 무겁게 가라앉았지요

나는 파문을 멈추지 못했고 그 애의 이름은
깊은 물결 사이로 흩어져 스며들었습니다

샛별은 속삭였고 구름은 부드러운 걸음으로 멀리 물러났어요
바람은 그 애의 마지막 숨결을 소나무 내음처럼 내 안에 밀어 넣었습니다

나는 그저 차가운 물살 속에서 부드러운 기억의 감촉을
말없이 품었을 뿐입니다

그 애의 부재는 내 안에서 오래도록 나비질합니다
지금도 깊은 바닥 어딘가 아주 얇은 빛 하나가
비단결로 숨 쉬고 있습니다

그 애는 사라진 것이 아닙니다
이름 없는 빛으로 내 심연을 서서히 물들이고 있습니다

엄숙한 삶의 궤적(軌跡)과 정신풍경

– 한상우 시인, 『먹물로 그린 달빛』의 전언(傳言)

엄창섭(가톨릭관동대 명예교수, 「모던포엠」 주간)

엄숙한 삶의 궤적(軌跡)과 정신풍경
– 한상우 시인, 『먹물로 그린 달빛』의 전언(傳言)

엄창섭(가톨릭관동대 명예교수, 「모던포엠」 주간)

1. 시적 에스프리와 절제된 서정성

　소소한 일상의 삶에서 한 편의 시는 시적 논리의 합리성이며 때로는 감정이 절제된 언어의 미에 해당한다. 까닭에 20세기 신비주의의 시인 칼릴 지브란(Kahlil Gibran)이 "시는 마음속의 불꽃이고, 수사학은 눈송이다. 불길과 눈이 어떻게 하나가 될 수 있겠는가? 시는 영혼의 비밀인데, 왜 어휘들을 가지고 수다스럽게 그것을 소모시켜 버리는가?"라는 반문이 새삼 의미심장하게 주어질 것이다. 일반적으로 구조주의적 관점에서 '작가와 작품은 별개이다.'라는 이론도 검증될 점이기에 프랑스의 계몽주의자 넬리 뷔퐁(G. L. L. Buffon)의 "글(文)

은 곧 그 사람(人)이다."라는 독자적 차별성 또한 응당 헤아릴 점이다. 차제에 지난 2022년 상반기 월간『모던포엠』신인문학상 시부문 당선으로 평자와도 잇닿은 인연과 2023년 1월 제1회「중부광역신문」신춘문예 당선자로서 현재「시처럼 문학회」고문인 한상우 시인이 견고한 고독 앞에서 '젖비린내가 부서진 벽의 실핏줄을 핥으며 스며드는' 정황이 작동할지라도 의인법을 가일층 선명하게 활용하여 연작시를 포함한 75편을 탈고하여 벅찬 기대감 끝에 묶어내는 시집『먹물로 그린 달빛』(모던포엠 작가선, 0205)은, 과감한 붓 터치로 주제 시격(詩格)인「달이 앉는 저녁」에서 그 집념의 일체감은 동시대 충직한 독자의 시선과 관심을 일순간 끌어모으기에 결코 거부감은 허락되지 않는다.

장독대에 달이 앉으면/아이에게 젖을 물렸다/비운 가슴에 트인 물길/울음 삼키던 목젖이 부풀었다//냄비 가장자리에서/타들어가던 저녁이었다//
풀밭에서 주워 온/이름 모를 털실 모자를/아이 머리에 눌러 씌우며/깜박이는 뒷문을/눈물에 걸어 두었다//
가마솥이 끓고/숟가락 하나 빠진 밥상이 차려질 즈음/닫힌 입술이 벽지에 기대어/서서히 식어갔다//
그날 밤/장독대 밑에서/새끼 고양이가 태어났다/젖도 물지 못한 채/어미 눈에 입을 벌리고/젖 대신 바람을 더듬던/눈도 못 뜬 울음 하나//
엄니는 아무 말도 하지 않았다/내다 판 머리칼 대신 올린/풀

린 수건을 끌며/방으로 들어가 이불을 덮었다//

자고 있는 줄 알았다/새벽까지//

몸에서/말 대신 굳은/젖비린내가/부서진 벽의 실핏줄을 핥
으며/스며들었다//

－「달이 앉는 저녁」 전문

　그렇다. '한 사발의 울음 말없이 저녁 밥상이 식어가는' 시
간대에서 "옆집 강아지가 울음을 깬다/울음이 낳은 울음/비어
있는 마당에/달 스며드는 소리가 내려앉는다//장독대에 쌓인
그늘은 묵직한 작업화/짧고 얇은 핏줄 같은 그림자/낡은 발뒤
꿈치로 바닥을 붙잡는다(장독대의 달)"라는 시적 정한(情恨)
에 '여성상징으로 그리스 신화의 아르테미스(Artemis)나 로
마 신화의 디아나(Diana)처럼 달의 그 순수함'을 거론하지 않
더라도, '자연의 리듬과 문화 속의 신비로운 상징인 달(月)'에
지대한 관심을 지니고 시적 질료로 삼은 그 자신의 시적 작위
(作爲)는 일단 지켜볼 일이다.

　또 한편 비록 삶의 현상에서 접하는 자연적 현상인 '빗소리
에 울대 젖어 피는 능소화 한 송이'의 측은지심(惻隱之心)의
감응일지라도 "종일 뜬눈이다//썼다 지우는 사이/이름 잃은
그늘이 자라고/덧칠한 그림자만 내리긋는다(장대비)"라는 일
면이거나 때로는 "세월은 검버섯 한 포기씩 얹어놓는다/흔적
으로 남은 핏줄은 침묵으로 물이 오른다(목련 아파트)"의 보기
에서도 결단코 외면할 수 없다. 짐짓 '아슴한 밤이면 젊은 별
이 행간을 띄우며 순례하는 모양'인 일면에서도 "나이에 나이

테를 더해/삶의 넓이를 재고 있는 걸까/멈춘 기억을 사초라도 하려는 걸까(순례하는 별)"라는 물음 앞에서 그 시대적 소임은 더없이 막중하다. 까닭에 그 자신의 또 다른 시적 형상화로 구성의 균형감각을 유지한 결(結) 고운 모직물은 치밀한 구성심리학의 면면을 갖춘 "뚜껑 아래 식지 못한 삶이 남아 있다//눈 쌓인 지붕 아래 귀 기울이면/속삭이는 숯 냄새, 젖은 장작의 울음(폭설)"의 일깨움은 마치 서산대사의 선시(禪詩)「답설(踏雪)」에서 "아무도 걷지 않은 눈밭 길이라도 함부로 걷지 말라. 네가 남긴 발자국은 누군가의 이정표가 된다."라는 엄격한 삶의 일깨움인 연유로, 그 자신의 시적 동기는 '잎이 떨어져 뿌리로 돌아가는 나무의 생리'로 자연의 순리를 거스르지 않고 칙칙한 어둠의 그늘마저 말끔 씻겨낸 밝은 율조로 점층적 효과가 가미된 양상이다.

2. 달의 영혼과 충동감 끝의 매혹(魅惑)

모름지기 언어공해가 심각한 후기산업화 사회에서 푸른 식물성 언어에 관한 깊은 이해와 관심을 담백한 어조로 형상화하여 시의 본령(本領)을 충직하게 시대적 소임으로 지켜낸 그 자신의 시적 매혹은 지극히 충동적이다. 때로는 '검은 방이 열렸다. 순간은 파문, 기억되는' 심리적 불안감이 주어져도 "모국어처럼 더듬는 감각의 질감을 갖고 있다/숨기기 위해 뿜었지만 간직하기 위한 퍼포먼스/물은 사라지지만 내부를 바깥에 새긴 기록이다/먹물은 어미의 그림자 첫 사냥의 흔적(먹물의 기억)"은 못내 '지나간 별빛의 모사임'에 틀림이 없다. 또 한편 소소한 삶의 일상에서 그 자신이 가끔 '손톱 밑 진흙을 더듬는 저녁 벌레 먹은 잔광을 입술 끝에 얹는' 행위를 반복할지라도 시적 형상화는 한층 더 다채롭다.

> 베어 문 보랏빛은/어깨뼈 휘어진 아이들 발등에 주저앉고/
> 녹슨 푸른빛은/폐허의 굴뚝 끝에서/늦게 떠나는 깃발을 닮았다//
> 비틀린 노랫말 틈/찢긴 빛줄기는 골목마다/깨진 유리창을 따라 긁힌다//
> 엎질러진 노란 물감의 오후가/어깨에 묻어 흐른다//
> 풀린 신발끈에 묶인 붉은 조각이/바람에 찢기는 심장을 붙들고 뒤틀린 주황빛 사이로/텅 빈 우체통만 하루를 앓는다//
>
> ─「벌레 먹은 무지개」에서

위에 인용한 시편에서 종종 삶의 중량감에 짓눌려 정신적 피곤함이 가중된 뒤에 다소 이질적인 행위랄까? '질질 웃는 망상들은 잘린 연극의 대사'로 변형되어 "달빛보다 먼저 들이 누운 그림자/말갛지도 짙지도 않은/무념의 외투를 뒤집어쓴다(까맣게 잠들고 싶을 때)"에서 다시금 확증되듯 '까맣게 잠들고 싶을 때의 시 심리'는 한순간 삶의 진정성을 상실하여 자괴감에 시달려 우울할 따름이다.

또 한편 대화체로 '-죠와 - 요'를 반복적 기법으로 풀어 보이며 "배경을 좋아하는 사진관에 가야 하나요/난 질문받는 걸 맛있어하죠//당신의 대역은 무엇인가요//당신은 실을 바늘귀에만 꿰는 면접관이죠(붉은 파도로 접은 접시에 종이배 띄우며)"의 일면도 그렇거니와 특이하게도 '허투른 날씨가 시멘트 골목길에 뒹굴고, 시간이 뚝뚝 끊기다 길모퉁이에서 부서지는' 삶의 일상에서 "소용돌이치던 어귀에 양의 창자가 걸려있다//증인석 같은 먼지와 변호인석 같은/날짜 없는 플래카드가 팽팽하게 눈을 맞뜨고 있다(점선)"의 일면은 놀랍게도 '희뿌연 기억에 마임 중 아둔한 저녁 목울대에 걸린 눈송이 한 점 녹는' 바로 그 현재성이다.

그렇다. '달의 월상(月相)에서 달이 차고 이지러지는 원리는 달이 스스로는 빛을 내지 않는 천체(天體) 일 것'이나 그 자신이 비중 있게 시적 질료로 달(月)을 즐겨 삼아 자유롭고 다양하게 구도 처리한 일례로 '이슬 꿰어 영근 달이 그믐까지 기울어 있다'라는 깊은 감회(感懷)는 못내 정겨움이다. 여기서 짐짓 "잉크에 젖은 평화가/일기장 모서리에서 간헐적으로 깜박이고//내가 판 구덩이 속에서/또 다른 내가 나를 모니터링한다(새벽이 오는 또 다른 이유)"의 보기에서나 새벽을 노래한 또 다른 시편인 '잠들었던 뒷문이 열리자 손끝으로 새벽이 들어온다'와 같이「새벽 첫차」의 '기계화된 곡비 소리'에서는 까닭 모를 비장감이 묻어나는 양상이다.

모처럼 '별빛 부스러기를 주워 검은 물아래서 태어남'을 신비롭게 가시화한 시편인「낙지의 천문학」도 예외일 수 없으나 전혀 무관하고 이질적인 시적 대상도 '언어의 연금술사'로 확정하여 유추(類推) 하지 않더라도 미각과 청각을 자극하여 '혀 끝에 닿은 울음이 짭조름하다'를 일깨운 끝에 "적막은 뼈를 세운다//굽은 등 너머로 퍼붓는 하늘 한 삽/입안에선 푸석한 침묵이 녹아내리고/삶의 결정들이 바스러진다(소금과 노을)"에서 그 자신의 다양한 개아적인 차별성은 또 하나의 신선한 충격(衝擊)이다. 이처럼 일몰(日沒)의 연계 층위인 노을의 상징성 또한 우리에게 허락된 목숨의 시간은 언젠가 이름 모를 낯선 항구에 닻을 내리기까지 힘겨운 항해는 응당 지속할 삶의 교시에 해당한다. 따라서 가끔 치타 슬로우(citta slow)적인 문화 인식의 확장에서 그 삶의 여백은 '느림의 시학'에 의한 기다림과 여유로움의 관계성을 지니기에 그 자신의 깊은 사유에서 비롯된 역동성의 인자(因子)는 가일층 빛난다.

특히 소소한 삶의 매 순간 물상의 미세한 움직임도 예리하게 포착하여 놓치지 않고, '영혼을 관통하는 삶의 의지로' 불확실한 공간에서 생존하는 인간존재의 탐색을 위해 끊임없는 묵언의 응시로 우직하리만치 그 자신의 시편에서 극명하게 밝혀내는 직관적인 시적 행태는 향방이 일정지 아니한 바람의 통로를 찾으려는 건강한 정신작업에 잇닿은 결과물이기에 가볍게 지나치지 말아야 한다. 이같이 따뜻한 감성의 소유자인 한상우 시인이, 중량감 실린 시첩(詩帖)에서 오래된 기억의 조각을 끄집어내어 창조적 언어로 변형시킨 시적 작위는 "꽃은 작고, 들여다보는 일에는 시간이 걸린다."라는 20세기 대표적인 꽃의 화가인 조지아 오키프(Georgia Okeeffe)의 지적처럼 삶의 일상에서 그 자신이 즐겨 노래한 꽃의 시편은 '잠시 멈춰 섬이 지극히 좋은 일임'을 자각한 행위로 시적 의미망은 짐짓 확장되는 추이(推移)다.

때로는 '무수한 날갯짓 다리짓 탈피 숨어들기 이 행위는 죽음을 유예하는 춤'일지라도 그 자신이 시적 상상력을 한껏 확장한 끝에 "다리는 은하로 퍼져 나가고/중심엔 말이 없는 물컹한 심장이 뛴다/말 대신 먹물을 뱉는 심장//포식자가 다가오면/별자리를 기억한다/도망치듯 그리는 궤적은/한낮의 천문학자도 해독하지 못할 정밀함(낙지의 천문학)"에 견주어 독자의 예상에서 일탈(逸脫)할 것이나 다소 망설임 뒤 '봄이 왔다는데 봄을 모르겠어요. 우리 집 얼룩 고양이 같아요'라며 놀랍게도 '생명의 봄이 발톱을 세우는 정황을 극적으로 연출하고 지극히 자극적이나 어설픈 추이(推移)로 "얼굴 없는 자전거 바퀴가 곡예를 하며 멀어져요/봄은 봄이라서 봄이라는데/어디에 쌓이는 걸까요/여전히 바람은 불어요 고요해요/잔털 같은 속옷조차 문을 닫아버렸어요(봄을 할퀴다)"라는 발상의 전환은 그 나름의 존재감이 빛난다.

각론하고 ' 멧새 우는 소리에 땅속 잠든 물음표 하나 깨어난다 '라는 그 자신의 시적 변명이 지극히 이채롭게도 '도돌이표 따라 후렴으로 도는 상황일지라도 "허공에 돌탑 쌓으며/이끼에 젖은 고백 하나/느릿하게 기어오른다//맑은 날엔 쉼표에 앉아/지나간 꽃향기를/손끝으로 어루만진다(발아)"라는 시적 해명은 발아(發芽)의 합리적 해법으로 생명의 빛남에 해당한다. 그렇다. 그 자신이 '갯벌 냄새 묻은 장미는 묵은 기억으로 붉어지는' 현상을 묵언으로 응시하며 그 나름의 관조적 세계를 그 민족상잔(民族相殘)의 시간대인 6월에 연상시켜 잠든 영혼을 이처럼 흔들어 일깨우는 삶의 일상은 울컥 낮은 통곡(痛哭)이 지상에 갈 앉은 암울한 정조(情調)이다.

> *쉰내 나도록 울던 강이/마디마다 상처 키우며/저녁으로 휜다//*
> *발톱 드러낸 살쾡이의 산그늘/녹슨 자전거를 탄/무명의 비목들이 지나간다//*
> *누군가의 말문은 구멍 난 창호지/누군가의 눈과 귀는 덧문이다//*
> *총부리 같은 먼지가/포말처럼 일고/습자지 같은 총성이/갓길에 반짝이다 멎는다//*
> *   −「유월 어느 모퉁이」에서*

　위의 인용한 시편에서 다시금 흘려보낸 시간에 대한 후회와 아쉬움이 주어질 것이나 이 같은 일면에서 러시아 낭만주의의 대표인 미하일 레르몬또프(M. Lermontov)가 진리를 탐구하는 정신을 끝까지 선명하게 반영시켜 '러시아 문학을 가장 러시아 문학답게 만들었듯이' 우주적 현상을 객관화해야 할 정신작업의 종사자라면 높은 식견으로 직면하는 일상에 관심을 지니고 시대적 소임을 충직하게 수행해야 한다. 차제에「달의 영혼과 충동감 끝의 매혹(魅惑)」은, 특이하게도 서정적 미감을 절창(絕唱)으로 빚어내어 피곤한 삶의 일상에서 '달이 앉는 저녁에 허우적거리며 별을 헤아리는' 분망함은 못내 읊조린 나직한 음조의 적조(寂照)함이다.

차제에 미국 문학사에서 가장 영향력이 지대한 허먼 멜빌(Herman Melville)의 "시는 인류의 모국어다."라는 주장을 의미 있게 수락한 한상우 시인은 그 자신의 시집에 수록한 시편에서 동시대 그 어느 시인보다 '창조적인 힘과 사람들 사이를 연결하는 중개자로서, 영혼의 세계에 대한 그 자신의 시적 상상력을 교신의 매개로 충실히 활용함'은 가히 놀라운 생명감이다. 모처럼 정체성이 퇴색된 시간대에서 태(胎)를 묻은 낮은 산자락에서 서식하는 한 송이 들꽃에도 깊은 애정을 지닌 그 자신이 한껏 담백한 서정성으로 '풀린 어둠이 감아올린 길 유언 같은 숨결이 새벽을 꿰맨' 시간대에서 저토록 길을 찾으며 "하늘길 향해 비목의 이름 부르다/마지막 어둠 지우는 샹들리에(목련의 항로)"를 기억에 떠올리며 길을 찾는 일념(一念)은 지극히 놀랍다.

이 같은 관점에서 노고초(老姑草) 또는 백두옹(白頭翁)으로 일컬어지며 꽃말이 '순수한 사랑과 그리움'의 징표인 할미꽃을 "깊어진 달빛 아래/불리지 않는 낡은 품을 열어/긴 숨결//이슬진 자리에/바람의 뿌리로 스며들었으리라(할미꽃)"의 절

절함도 그렇거니와 비록 '꽃잎 한 장 읽지 못한 채 젖은 햇살 위로 발자국 하나 지워지는' 절박감이 주어질지라도 "뒷산 작은 돌무덤에/어린 울음 한 송이/끝내 눈망울을 감추지 못한다//묻히지 못한 발자취/돌빛에 새긴 이름 없는 흔적(피지 못한 진달래)"에서 확인되듯 그 자신의 안타까움은 못내 깊은 감회(感懷)의 느꺼움이다. 까닭에 시적 질료로 사용된 '꽃과 봄, 그리고 마음(詩)'과의 연계 층위야말로, 꽃은 아름다움의 완전성을 상징하고 영적인 개화를 뜻하기에 사각(四角)의 빌딩 숲에서도 그렇게 봄꽃을 주의 깊게 응시하는 부푼 기대감은 온통 가슴 설렘의 잇닿음이다. 또 한편 모국어에 대한 각별한 식별력과 명백한 역사 인식을 지닌 그 자신의 직물 대상 일체에 관한 깊은 애정의 편린(片鱗)은 이같이 향토 서정성으로 출렁이며 언희(言戱)가 배제된 그 시편 일체는 자연의 순리에 결코 역행하지 아니한다.

3. 시적 적절성과 따뜻한 감성의 교감

모름지기 인간을 포함한 만유(萬有)는 우주 생성의 연맥(緣脈) 속에 기인하기에 하찮은 물상에서도 생명의 소중함을 일깨워주는 그의 시적 작위(作爲)는 「시적 적절성과 따뜻한 감성의 교감」에 결속(結束)된 자연의 이치를 통한 자기 확인의 통로로서 심상의 형상화 작업에 해당한다. 비교적 자연 관조를 거쳐 생성된 그의 시는 정관적(正觀的)인 일면을 구축하기에 그 자신의 시편은 내면적 성찰을 통한 인생론적 체험과 일맥상통한다. 여기서 따뜻한 정신적 기후의 조성과 행복한 집 짓기로 해명되는 그 자신의 시적 행위는 전율 같은 가슴 떨림이며, 한순간의 황홀감(恍惚感)이다.

또 한편 자연의 순리에 순응하는 귀향자(歸鄕者)로서 불안한 일상의 삶에 신선한 감동을 안겨주는 시적 행위로 가장 행복한 심성의 최고 열락(悅樂)을 눈부신 언어로 표출한 실제적 양상이다. 까닭에 지극히 인간성이 피폐한 세태를 강도 높게 경계한 그 자신의 시적 경향과 색조(色調)에 견주어 다양한 자연적인 대상을 시적 질료로 삼아 정신풍경화로 채색한 그 자신이 "물오르는 봄/이것은 잔인하다/전쟁 서막을 알리는 전야제다//꽃들이 핀다/이것은 처절하다/한 치 양보 없는 백병전이다(붉은 전야)"라는 시감(詩感)의 배경도 놀랍거니와 '허기진 건 강가에 선 어미의 등허리였다'라는 합리적 해법의 독자적인 차별성은 못내 이채롭다.

그 같은 일면에서 "서리 낀 손바닥으로 흐름을 씻는다/봄이란 씨눈 같은 별 하나/웃음조차 잘라 말리며 가슴께 접어둔다//눈송이 삼킨 찬바람/마루 끝에 쌓여/돌 틈마다 얼음밥 빚는다(꽃샘)"의 친근한 일면에서 모처럼 '품었던 바람 스쳐 가고 푸른 눈물도 바래지는' 현상에서 그 자신이 의성어를 활용하여 현장감을 한껏 살려낸 조금은 허망한 내면 심리를 "투덜대는 막바지 노을/은행 하나 양철 지붕에 떨어진다//텅/텅/

터더덩//비워진 소리/끌어안았다 놓는 속 빈 풍경(텅 빈 계절 한 줄)"은 아득한 유년의 그리움에 클로즈업(close-up)되어 한껏 눈시울마저 붉혀줄 것이다.

각론하고 나뭇잎 떨어져 뿌리로 돌아가는 조락(凋落)의 계절인 '푸른 입김이 서걱이는 11월'에 "바람에 물든 목소리로 태어나/바람의 뼈를 흔들며 가려는 것인지//젖은 웃음 냄새로 떠도는 유년의 미소가/가슴 언저리에서 울고 있다(11월 버드나무 푸른 잎)"라는 시적 술회(述懷)도 그렇거니와 비록 오 헨리(O. Henry)의『마지막 잎새』는 아니더라도 "저무는 빛 따라/보리 숨 쉬는 언덕 너머//어머니의 어머니에게서/자장가 피어났으면(마지막 남은 나뭇잎의 노래)"을 통한 그리움의 정한에 아쉬움이 남지만, '가을걷이 끝난 들판 길 걷다 보면, 작은 눈빛 하나 켜지고 노을의 잔해가 조용히 배어든다'라는 상황을 시적 모티프로 삼고 연작시로 빚어놓아 붉게 노을의 이미지를 서정적 미감으로 형상화한 그 일몰(日沒)의「노을, 1 ~ 노을, 5」은 메르헨(Märchen)적인 감성의 표출로 경이로운 황홀감을 한껏 안겨주는 현상이다.

결론적으로 한상우 시인의 연작시 형태로 빚어낸 시편인「사라진 초승달에 관한 다섯 가지 기록」에서 "별 하나쯤 더 생긴다 해도/밤하늘은/아직 아무 말도 하지 않았습니다(1. 은하 방범대)"의 보기나 또 '사라지고 싶었습니다'를 전제한 "물빛이 나를 안았고/샛별은 끝내 울지 않았으며/구름은 말없이 치마폭을 내려주었어요(4. 초승달의 진술)"의 일례나 "그 애의 부재는 내 안에서 오래도록 나비질합니다/지금도 깊은 바닥 어딘가 아주 얇은 빛 하나가/비단결로 숨 쉬고 있습니다(5. 호수의 진술서)"와도 잇닿은 시적 응축은 더없이 조화롭다. 근간 다행스럽게도 그 자신이 '참신한 시적 발상을 긍정적으로 처리한 기법에서나 강직한 집념으로 새로운 시의 지평을 열어가는 시인이라'는 평단의 평가도 관심 있게 지켜볼 처사다. 모쪼록 평자의 역설이지만 '하늘엔 별, 지상에는 꽃, 그리고 마음엔 시(詩)'라는 시적 형상화는 그만의 차별성에 의한 담백한 존재감이나 금화의 짤랑거림도 절제된 언어로의 끊임없는 조탁(彫琢)이야말로 끝내 신선한 감동 회복시켜 줄 놀라운 충동감이다.

한상우 시집

먹물로 그린 달빛

인쇄	2025년 11월 23일
초판1쇄발행	2025년 12월 8일
지은이	한상우
펴낸이	전형철
편집	갭
웹디자인	김태완
펴낸곳	갭 - 월간모던포엠출판부
후원	월간모던포엠
주소	서울시 중구 수표로4길 27, 상강빌딩 2층
전화	02-2265-8536
팩스	02-2265-0136
손전화	010-9184-5223
이메일	mopo64@hanmail.net
정가	10,000원